阅读伴我成长

书海扬帆的旅程

/ 2020 年中学卷 /

“阅读伴我成长”系列丛书编委会 编

浙江文艺出版社
Zhejiang Literature & Art Publishing House

“阅读伴我成长”系列丛书编委会

一路阅读　一路成长

有人说，人或许要读三本大书：一本是“有字之书”，一本是“无字之书”，一本是“心灵之书”。有字之书，古今中外，自然社会；无字之书，生动实践，用心体悟；心灵之书，理想信念，健康成长。

“阅读伴我成长”活动旨在引导全市中小学生爱读书、会读书。我们读有字之书，也读当下的中国。四万多名逆行武汉的医护人员，火神山医院、雷神山医院的建设者，工作在抗疫一线的人民警察、村社工作者……他们以虽恐惧但无畏的赤子之心，进行了惊心动魄的抗疫大战，我国抗击新冠肺炎疫情斗争取得重大战略成果，创造了人类同疾病斗争又一段不平凡的历史。到2020年，全国共派出25.5万个驻村工作队，累计选派290多万名县级以上党政机关和国有企事业单位干部到贫困村和软弱涣散村担任第一书记或驻村干部，其中1800多名同志将生命定格在了脱贫攻坚征程上。中国脱贫攻坚战取得了全面胜利，宣告消除千年绝对贫困，为世界减贫做出历史性贡献。“最美逆行者”走进了中小学课堂，广大中小学生也通过义卖、捐赠为扶贫事业贡献自己的力量，我们读到可爱的嘉兴、伟大的祖国。陈红军、王焯冉、肖思远、陈祥榕等四位卫国戍边烈士，清澈的爱只为中国，我们读到严峻复杂的国际形势，致敬英雄，树报国之志。

今天，你们读好书，写感想，作品已成集。明天，你们要不断增强脚力、拓展眼力、提升脑力、强化笔力，持续阅读自我、阅读自然、阅读社会，丰盈内心，书写阳光的未来。

“阅读伴我成长”系列丛书编委会

2021年3月

目录

人间无我，见字如面

——读《盛开于繁花的季节》有感

◈学校：南湖区余新镇中学 ◈作者：王佳怡 ◈指导老师：胡孙燕

繁花并非仅仅盛开于春季，浅草也未必一无是处。心中总生长一棵小苗，向阳而生，向外突破。初读此书，我心雀跃不已。原来真正的花是源于心，四季常存。漫长的生长周期，既不担心，也不着急，因为我相信，它一定会成为最令自己骄傲的存在。

一起去更远的地方

其实最好的并不在远方，但心中总有个念想。更何况重要的是长途跋涉的过程和丝毫不畏惧的初心。弄花而香满衣，踏花归去而马蹄留香已成为不为人知的历史过往，人工取代了自然。幸而无香，不然，我还真不知道两者之间到底还有什么区别。兰花在充满不确定中攀爬向上，虽存活率低，但比温室里的那些要好得多。我并不是要批评技术，而是惋惜兰花后继无香的悲惨现状。

一盆浊水，人们避之唯恐不及。可这些人，是否想到过，水也有澄澈的一天？人似水非水，即使有是非，也终会空明。而某些熊孩子，只是图一时之欢快，不计后果，若你不在意他，他便没了趣味，无所事事地走了。我虽没什么经验，但未必所有人都会这样解决问题。

明明都是短小的故事，我却始终不能感同身受，不解和迷茫爬上心头。故事里的女孩，自小去往远方，十二载归来。她经历了什么？想过放弃吗？想过父母吗？这不是她的职责，本不该有这一段记忆。

因为我们的征途是星辰大海，所以乘风破浪永不退缩。（用象征的手法来写美好的愿景和前行路上的困难，语言富有诗意。）毕竟，还有未知在等着我们去探索。

阅读故乡的N种方式

故乡既在远方，也在足下。初时不甚在乎，虽说“但感别经时”，我仍无感想。对于故乡没什么回忆，反倒更熟悉生活的地方，这里才有家的感觉。林老先生的童年，家境艰难，却苦中作乐。我猜他可能没有想过远方，因为家乡更值得铭记。

对于一些人来说，某个人或某件事存在世上，本就是希望。几个孩子围成一团，不知嚷嚷着什么，脸上洋溢着幸福的笑容，或是欣喜地在小溪中抓鱼，我却不能融入其中，孤单的我格格不入。但在一旁欣赏，又何尝不好？

与亲朋好友游览大好河山，美景映在眼前。过往的点点滴滴久而不散，又记起小时调皮，常被父母责备，后来不那么爱玩，开始收心于学习。每一代少年的奋发，似乎都是在“你太没用”的眼神下开始，世事轮转，在一代又一代人中形成了一个完整的环，周而复始。我自然也不例外。

人间聚散，如萍飘蓬转。辗辗转转，又回到原地。

思想大陆的鲲鹏

幸运草，我未能有幸见到它。这一院子的花和草，也没听说过。我不信它的作用，只不过是一个愿望的载体。但内心深处还是希望能见一见。所以说，人可真是复杂的生物呢！

总待在狭小封闭的空间之中，是会阻碍进阶的。时常出来，看看这个世界是不是又变得好一点了。要从三丈囹圄中跳出来，待在原处，只能画地为牢。如今我才醍醐灌顶，一时间不知所措。（“醍醐灌顶”之后却是“不知所措”，看似前后矛盾，却起到了引发读者进一步去思考的效果。）

一千根银针不会因为缺少一根而黯然失色。对那自称公主却偷窃妹妹银针的人，我但笑不语。原来很多事情并非无法解决，一次不行就两次，如果多次都没有办法，那便真的没了希望。何不求助于他人？世界之大，你不可能孑然一身。

纵使荆天棘地，世间总有星辰开道，不枉此行。小时常想胸襟纳百川，眼界拓万泽。现在想想，也未必不可能。

漫漫黑夜的月光

我常倚着大门坐在地上，像一个无家可归的人，直至夕阳西下，脑子里还是一团糨糊。有太多想不通的事等着我去思考，我却不求甚解。我常记一句话："你要悄悄地拔尖，然后惊艳所有人。"门前小树新增几弯轮，书页间夹着的几片嫩叶，如今已泛黄干枯，我还是没有等来进步。

远处是万家灯火，是喧嚣人间。我们走过黑暗街道，披着月光，挥霍青春。看着平分秋色的一轮圆月，迎着扑面而来的微风，点点星光，以及街道两边无限往外延伸至天边的光。

雨滴疾溅，声如琴音，无光昏暗似长夜。雨滴模糊了世界，分不清虚构与现实的界限。也许我的童年是受到了影响，我不知道。但我不后悔不害怕，此时已有克服的决心。

星河欲转，人间至臻

于我而言，它点亮了我的世界，装满光芒。（用"点亮"一词表达林先生这本书带给自己的积极影响，看似普通的词却极富张力。）原来一抹桃红的幻影，也有绽放光彩的瞬间。

心中永有一棵小苗，不知品种，不知何时生长，不知生长状况，只要默默地成长就好。

林老先生的这本书献给童年，献给儿童。既祭奠他逝去的青春，又鼓励成长过程中的我们。听说人的灵魂在肉身百年之后会成为一颗星星。那么我想，林老先生的那颗一定熠熠生辉。

梦若星辰散落人间，风吹杨柳轻抚湖面。

点评

《盛开于繁花的季节》是林清玄写给儿童的成长之书，小作者善于从作品叙写的日常生活小事中去感悟，并且处处与自己的生活经历、体验联系起来，丰富了文章的内涵。全文用五个别具匠心的小标题串联起来，结构富有层次感。诗化的语言亦是一个亮点，字里行间可以感受到小作者从阅读中获得了成长的力量、生命的感动和思维的惊喜。

书海采珍

与书本的交往伴随着我的一生，并处处给我以帮助。它是我的老境和孤独中的安慰。它解除我的闲愁和烦闷，并随时帮我摆脱令人生厌的伙伴。它能磨钝疼痛的芒刺，如果这疼痛不是达到极点和压倒一切的话。为了排遣一个挥之不去的念头，唯一的办法是求助于书籍，书很快将我吸引过去，帮我躲开了那个念头。然而书籍毫不因为我只在得不到其他更实在、更鲜活、更自然的享受时才去找它们而气恼，它们总是以始终如一的可亲面容接待我。

——蒙　田

时光缓缓　无言且暖

——读《傅雷家书》有感

◈学校：嘉兴一中实验学校　◈作者：陈宇涵　◈指导老师：方俊逸

金缨云：“父母所欲为者，我继述之；父母所重念者，我亲厚之。”（引用清代学者的经典名言作为全文的开头，既有庄重感，又能自然引出亲情这一话题。）我过去总不甚理解，如今手执《傅雷家书》，再回望成长这一路，渐渐开始明了。那一封封家书，如同一次次谈心，拉近父与子的距离，我像一个懵懂的孩子遨游在书海中，聆听着，铭记一个父亲对孩子的谆谆教诲。

有人说，父爱如山，母爱似水，似乎每个做父亲的总有着和母亲截然不同的表达爱的方式。当我读到“亲爱的孩子，你走后第二天，就想写信，怕你嫌烦，也就罢了。可是没一天不想着你，每天清早六七点钟就醒，翻来覆去的睡不着，也说不出为什么……”的时候，我竟不自觉地湿了眼眶，有关父亲的点点滴滴在心头氤氲。（“氤氲”一词用得极为雅致，预示着下文对父亲的回忆应当是深情而又美好的。）印象中，父亲对我十分严厉，当我取得优秀的成绩时，他从不夸奖我，只是淡淡地嘱咐我要继续努力；当我偶尔考试失利时，他也从不安慰我，只会严肃地与我探讨失利的原因。

但当我按学校要求住校时，他每天晚上不管多么忙碌，总会给我打一个电话，问我作业做得怎么样，和同学相处如何，有什么快乐的事，有什么心事，等等。总之，关于我学习生活的一切，他都要问，这些发问频繁又重复，有时我甚至觉得有些啰唆。（“啰唆”一词是在写父亲发问时给人的感受，这是父子之间日常交流中最为真实的状态，其中包含着自我反思。）而今，当我翻阅手中这一封封家书，看着眼前这一字字的关切，再细细回想起父亲每晚那些琐碎的询问，我突然就明白了，他是一个甘于唱黑脸的父亲，早已习惯把爱掩藏在他厚厚的外壳下，面对我的时候，他无法轻易擦去脸上的油彩，卸下身上重重的外壳。只有当距离和时间架成桥梁，他才终于有机会在那一头卸下他所有的束缚，传递他那柔软绵长且广阔的爱。

傅雷对儿子的鼓励是贯穿整部《傅雷家书》的，生活中亦是如此。我突然想起儿时父亲带着我去旅游，遇到很多外国游客，父亲鼓励我用英语去和他们对话。起初，我有点紧张，只能一个单词一个单词慢慢地说，是他一次次鼓励我："儿子，大胆说吧，说错了也没有关系。"我才慢慢有了勇气。也是在他的一次次鼓励下，我才成为现在这个每次出国旅游时，都冲在第一个去问路、去买票、去点餐的勇敢少年……一次比一次进步，一次比一次说得好，有时还会赢得当地人的夸赞。(这一段紧扣"鼓励"来写，文字量虽然不大，但可以感受到满满的正能量，给人启迪。)

"待人要谦虚，做事要严谨，礼仪要得体；遇困境不气馁，获大奖不骄傲；要有国家和民族的荣誉感，要有艺术、人格的尊严，做一个'德艺俱备、人格卓越'的艺术家……"当再次静静地聆听父亲严厉的教诲时，我注视着他，看着岁月在他额头刻下的那一道道皱纹，我终于懂得父亲的爱就像一棵大树，拼尽全力为我遮风挡雨，默默给予我成长的养料，不厌其烦地为我指引人生的方向。现在，每当我遇到困难时，我都会想起爸爸，心中充满力量和温暖，从而拥有克服困难的勇气和能力，真正走向自立自强。

杨澜曾经说过这么一句话：你可以不成功，但你不能不成长。当我再次捧起《傅雷家书》时，我只想说：谢谢您，傅雷先生，是您让我真正地理解了那份如山的父爱。谢谢您，我的父亲，是您让我幸福地拥有这份如山的父爱。唯愿时光能缓，陪伴永在！

点评

本文的特别之处在于小作者将作品中的父子之情和现实生活中的父子之情高度融合在一起，可见《傅雷家书》带给阅读者的影响是巨大的。开篇以名言引入"父爱"这一话题，然后缓缓展开日常生活中父子之间的小事和情感变化。在傅雷父子的影响下，小作者对父亲、对父爱产生了新的认识和感悟。小作者驾驭语言的能力很强，文中不乏感性的细节描写和理性的深刻思考。

触摸经典，绚丽红色耀人生

——读《钢铁是怎样炼成的》与《红星照耀中国》有感

◈ 学校：海宁市第五中学　◈ 作者：姚肖潇　◈ 指导老师：吴超阳

“红色”是什么颜色？

是战袍上沾染的斑斑血迹，是从黑暗中破晓而出的光芒，是微笑时上扬的嘴角，还是手中那支勾勒美好未来的画笔？（以设问开启全篇，用一串疑问构成排比句，向读者诠释了“红色”的深刻内涵。）

一切都是。

一、红色，是希望的颜色

生命中可能会刮风下雨，但我们可以在心中拥有自己的一缕阳光。

——《钢铁是怎样炼成的》

这缕阳光就是红色经典之中透出的希望之光。

《红星照耀中国》透出的光，是为了民族解放而奋斗和牺牲的崇高精神以及打破困局的希望之光。那颗闪耀的红星照亮了每一寸土地，也照亮了人们的心！

《钢铁是怎样炼成的》透出的光，是为了人民而奋斗的光芒，以及不向命运屈服，克服种种困难，终于迎来胜利的希望之光。钢铁是怎样炼成的？是在烈火与骤冷中铸造而成的！

它们无不闪耀着一种名叫“希望”的光芒，处在黑暗中的人民捕捉到了那一丝光芒，进而支撑着自己站起来。于是，“数千人形成一个强大的变压器，形成一种永不枯竭的动力”；于是，在这种动力的不断驱使和支撑下，无数人为了自己的命运，为了国家的未来，向着希望而不停奋斗！

红色，以“希望”之名沐浴成长。(“沐浴”一词用得特别，喻指红色中国受到“希望”的润泽，逐渐发展，给人力量。)

二、红色，是初心的颜色

“这是什么？”

“这是红旗。”

“这是谁？”

“这是一个穷人。”

“什么是红旗？”

“红旗是红军的旗。”

“什么是红军？”

“红军是穷人的军队。”

——《红星照耀中国》

不忘初心，牢记使命。

或许，他们的初心仅仅是为了自己和自己的小家而努力，但在战斗的过程中，他们却逐渐被那闪耀的红色光芒所笼罩，被其他同志的革命热情所感染，于是，“无论是吃不上饭的放牛娃，还是胸怀报国志的知识分子，无论是年近花甲的老同志，还是柔弱刚强的女战士，都被凝聚到了这支红色队伍里，都被这种精神所感召、所激励”。于是，无数个“保尔”身披火焰般炽热、鲜红、明亮的战甲，刚毅坚定地踏上了战场。

无论是哪一抹“红色”，他们明白个人的命运是同国家的命运紧密相连的，个人利益和国家利益在根本上是一致的，而只有维护了国家的利益，才能使个人利益得到保障。想要护住自己的“小家”，须先使“大家”能够在世界上有立足之地，从而护住这片土地上的每一个小家！

这个道理适用于每个时代，这也是不因时代变迁而改变的核心价值观。也就是说，我们现在仍要遵循这个道理：为了祖国而奋斗。我们每一个人的身后都是祖国，我们每一个人也都代表着祖国。

先辈们在战场上厮杀，战袍上的鲜血就是他们为了祖国而奋斗过、付出过的证明。他们不畏困难，坚守信念，以一腔热血打破了困局，救民族于水火之中，身处黑暗中的他们心中有一缕永不磨灭的名叫“初心”的光芒，让无数人坚信，初心不灭，祖国必胜！

红色，以“初心”之名见证奋斗青春。

三、红色，是光明的颜色

失败是什么？没有什么，只是更走近成功一步；成功是什么？就是走过了所有通向失败的路，只剩下一条路，那就是成功的路。

——《钢铁是怎样炼成的》

无惧风雨，秉承初心，坚守信仰！（三个四字短语组成一句，简明扼要却又铿锵有力，表现出革命者坚定的信念，极具感染力。）

他们站起来了，将那个黑暗中的裂口撕得更大。“人的一生可能燃烧也可能腐朽，我不能腐朽，我愿意燃烧起来！”于是，他们以燃烧自我的方式让更多人看到光明——被红色的光芒所沐浴的光明。他们让满目疮痍的土地重新萌发生机，他们让美好家园近在眼前，他们让红色精神遍及全国。

孩子们被呵护着长大，在红色下成长。而他们再也不会在战火中哭泣，而会在光明中高兴地扬起嘴角。

四、红色，是未来的颜色

他面前是一片壮丽宁静、碧蓝无边、像光滑的大理石一般的海。在眼光所能看到的远处，海和淡蓝色的云天相连。涟波反映着融化的太阳，现出一片片的火焰。远处连绵的群山，在晨雾中隐现着。懒洋洋的波浪亲切地朝着脚边爬过来，舐着海岸的金色的沙滩。

——《钢铁是怎样炼成的》

“红色”下一代已经真正幸福地徜徉在保尔们目光所及的自在与平和的大地之上，他们在“红色”中沐浴成长。“钢铁”的红，教会他们以“咬定青山不放松”的坚韧打破命运的桎梏；“红星”的红，教会他们以“黄沙百战穿金甲”的意志突出铁桶重围。(本句自然地将两部名著融合起来,同时巧妙地引入诗句,进一步突显"红色"这一主旨。)红色一代们勾勒出一个个更美好的梦想。我们追逐的那些梦,也是红色的。

我们就是那群孩子！我们都有义务为了祖国而奋斗！

若太平难永,繁华终成空。先辈们已经护住了太平,为了不负先辈,为了不负自己,我们要做的就是接过红色接力棒,担负起历史和时代赋予我们的责任,实现祖国的繁荣昌盛,用我们的劳动创造新的辉煌。

"人活着,不应该追求生命的长度,而应该追求生命的质量。"

我们,就是红色!

点评

将两部红色经典著作的阅读感悟合在一起成文,这样的创作形式是有难度的。小作者敢于挑战,并且找到"红色"这个非常棒的切入点展开行文。主体部分以红色是"希望的颜色""初心的颜色""光明的颜色""未来的颜色"四个部分构成,内容上层层递进,情感上彼此关联,最终构成一个不可分离的整体。此外,文中适时引入原著的部分文字,或引出下文,或点明主旨,可见小作者的匠心。

勇气·坚持·信仰

——《万物生灵》读后感

◈学校:海盐县博才实验学校 ◈作者:王静逸 ◈指导老师:曹红梅

“亲爱的草木生灵,美的心灵……”读着冯骥才先生的《万物生灵》,我深深感受到万物皆有灵,哪怕只是一花一草、飞禽走兽、流水顽石,它们都有“灵”。——一朵野花偏偏选择在阳光中积蓄力量,在冷雨中傲然挺立,诠释了生命的勇气;一个挑山工,负重爬山,却总能走在兴奋的游客之前,他们不会驻足休息,因为坚持是成功的唯一捷径;一个摄影师,投入全部家当和二十年的时间,留住长江亘古以来的生命形象,对华夏文化的信仰是他最大的动力。(用排比句式罗列了野花、挑山工、摄影师各自的特别之处,为下文做铺垫。)

掩卷沉思,细细回味,不禁思绪翻飞。

勇气,是面对逆境最强大的力量。小小的花敢于面对冷风冷雨,虽是逆境,但依然昂首挺胸。生命之顽强就在于面对挫折时的迎难而上,用勇气创造出生命的春天。2018年,扫雷英雄杜富国面对突然爆炸的弹体,毅然挡在队友身前,因此失去了双手双眼。这样生理与心理上的重创,无疑使杜富国日后的生活困难重重。但他没有怨天尤人、自暴自弃,而是勇敢地向困难发起挑战。军队中,没有双手的他依然坚持自己洗脸刷牙,甚至把被子叠成“豆腐块”。在做康复训练时,最难的就是戴着智能假肢练字,失明使他只能靠听笔尖与纸面的摩擦声判断位置。他练得最多的字是“永远前进”,因为这四个字最有希望、最有力量。是啊,勇气伴着他永远前进,不惧坎坷,就像华福纳格所说:“勇气是一个人处于逆境中的光明。”勇气,支撑着我们走出逆境,走进光明,走向成功。

坚持,是通往成功的捷径。暑假,我准备琵琶六级考级,每天在家练习考级曲。可是临近考级了,每当弹到快板部分,节奏快,音符乱,我就有些不耐烦,手发狠地在衣服上擦了擦，又弹了几遍，指尖磨破了，但依然没有弹好。（动作描写生动细腻，真实地刻画了训练过程中一再受挫的情景。）我把琵琶往沙发上一扔，心想："算了，这里太难了，练了这么久也不行，就这样吧。"不知怎的，脑海中竟然出现了挑山工的话："不能像你们在路上那么随便，高兴怎么就怎么。……就得一个劲总往前走。"我一皱眉：想要成功，就要坚持往前走。我抱起琵琶继续练习。最终，考级的教室里，那些杂乱无序的音符变成了优美的曲调，我顺利地通过了考级。坚持让我一步步走向了这次小小的成功。我心中更明白冯先生笔下的挑山工：负着重担攀登泰山，不能像游客一样疾行向前，也不能在途中嬉戏玩闹，赏玩风景，累了就休息一会儿，而是一步一步慢慢地坚持向上爬去，往往能比同行的游客早一步到达山顶。

信仰，是前行的原动力，是消除一切阻碍的最佳利器。（化虚为实，用比喻将抽象的"信仰"具体化，富有哲理性，给人启迪。）摄影师郑云峰因对我国千年文化的信仰，二十年如一日，万里一身行。我的脑海中浮现出这样一群人，他们走入深山与各种恶劣的环境条件抗争，夜以继日地连续工作；与外国人谈判，吃了无数闭门羹。凭着要使祖国卫星走向世界的坚定信念，他们克服语言不通、生活不便等难关，攻克星箭连接问题。最终凭借着他们不懈的努力，在1990年4月7日21时30分，我国自行研制的"长征三号"运载火箭在西昌成功发射"亚洲一号"卫星。英勇的航天人为了让中国航天事业站上世界的舞台，让中国这个古老的国家昂首站在世界的东方——他们毕生所追求的信仰，让无数的不可能成为可能，创下航天史上的一个个奇迹，令世界为之瞩目。信仰，是黑暗里不灭的曙光，给予人无限的动力，披荆斩棘，向前奔跑。（这一段在列举事实的基础上生发感悟，不仅仅引领读者关注作品本身的内容，还能由此及彼，使思考更有深度。）

《万物生灵》带我走进草木、飞禽、走兽的世界，体味万物生灵所有的勇敢、坚持、善良和信仰。这一颗一颗小小的种子在我心底种下，将来一定会开出姹紫嫣红的真善美之花。

点评

《万物生灵》由50个单篇构成，作品中形象众多，有太多让人感动的细节，在庞杂的对象中锁定值得写一写的"东西"是有难度的。本文的可贵之处是善于取舍，除了首段罗列了大自然和人类社会中种种给人启迪的事物之外，主体部分只抓取勇气、坚持、信仰三个关键词来构架，将作品中的野花、挑山工、摄影师与个人成长经历、祖国发展现状联系起来写，大大丰富了文章的内涵和外延。

书海采珍

读书的目的是为了认识事物原理，为挑剔辩驳去读书是无聊的。但也不可过于迷信书本。求知的目的不是为了吹嘘炫耀，而应该是为了寻找真理，启迪智慧。

——培 根

以歌行之空，书山水之灵

——读《空灵》有感

◈学校：海盐县博才实验学校 ◈作者：王李劼怡 ◈指导老师：俞忠英

在风霜雨雪、山川日月间，每一次与诗词的相遇，都是一场心灵的修行。

——题记

这是一个旅人的故事。

他走过二十七首诗词曲，从《空山灵雨》启程，在《雪夜柴屋》归息，追寻宿命的风。

山水诗如画，工笔细描写意洒脱，渡过千回百转的时空，叩问长醉未醒的灵魂；山水诗如酒，借七分醺然三分如霜月华，抚一曲凄婉低回的咏叹；山水诗如琴，以山为身，以水作弦，拨动了心底安然若素的诗画年华。

从清雅诡谲、如青莲飒飒风响的《水证据》，到《四月裂帛》敏感而深刻的痛、清冷而遥远的美，再到《渔父》如水一般湿润、痛楚却无言的生离死别，简媜于我的印象，素来有“仗剑携酒江湖行”的侠气。无论长篇还是短章，她的文字如长刀在握，冷剑出鞘，迅捷、雪亮，且刀无定章，剑无定法，风格多变。（本段用词细致精当，将简媜的文字带给自己的感觉比作长刀和冷剑，可谓匠心独运。）

但《空灵》却有年华老去的沉淀与简净，像是在水底潜行般安静默然。山中空谷一声清冽啼啭，水中涟波一语沉郁叩击，隐匿在字里行间，于山水潇潇然间，构造出一轴淋漓肆意的水墨长卷。这样清冽甘醇的文字，每阅读一遍，都是一场旅行，穿梭层层字行，抵达内心最隐秘柔软的角落。没有刻意的构造，没有雕饰的字眼，只有一个旅人低缓悠长的讲述，拥有隐秘的力量，脉脉无言地铺陈开一段又一段的旅途。

水迹恬淡，墨痕氤氲，都是自然的画卷，山水的挽留，沉静地低喃着不为凡人所知的、秾丽了天露地气的长歌行。（本句运用拟人手法，赋予山水以人的情感，生动地表现了自然之美。遗憾的是很多时候，人类并不能领略这样的美景。）

有人说，山水不易写，因为山水无情，有情的只是人。但我不这么认为。

山水或是早已看淡了沧海桑田的世事变迁吧；红尘跌宕朝代更替，或许对它们不过黄粱一梦吧。那也只是千万年的风吹雨打，洗礼出坚毅傲然的铮铮模样而已，在紧锁的心门里，因着前世今生的缘，依旧是柔软明净如同湖波秋水的。山水，道是无情却有情。只是这情不轻易张扬，仅是舒张在微洇的墨水间，在山水诗人的笔端流泻，素笔勾勒出一剪空山流水的宁和素淡。

仅是这般，它的美早已抵达时空的熹微之暖，流传千古，直至今日，依旧焕发着鲜活明媚的芳华。

我想，简媜定是一位琢磨文明的旅人，将遗落在古旧文卷中的山水之美细细捡拾，让它们蒙上岁月风尘的沧桑脸颊，熠熠着珠玉琳琅的光彩，将它们酿成芳醇浓厚的酒，当垆沽卖。俯仰天地，吟啸星宿，高渺的长歌行直抵青云端。

俗世再如何风花雪月，都是宇宙永恒间渺小的微尘。我想，她书写这些文字，应是在山水之间寻求一种心灵的皈依，以一位旅人的姿态，行走于自然的怀抱之中，用心体察着自然于无声有形间的启示和明灭，循着心指引的方向，循着自己的意愿砥砺前行，在山水之间，沿着文人墨客的足迹踽踽独行。当笔墨淡香间的山水成为眼前与天地比肩的真真切切，仿佛时光在同一处重叠，记忆溯回世代相传的冷暖。

《空灵》，从《诗经》中摇曳的蒹葭，至唐诗的迤逦清朗，又至宋词的明净流丽。为“明月夜，短松冈”而悲，为“花气袭人知昼暖”而醉，为“一樽还酹江月”而长叹，为“误入藕花深处”而神往。世间美好堪如此，清风明月，霁日寻芳，春宵载酒，荣乐逡巡，皆不如静下心来翻阅如莲般静美的文字。心底清润的莲荷，花开则赏，花落则寂。无论境遇如何，命运又如何，风雨潇潇之际，还有为花洗妆、与月熏魄的天真底色，是空灵的影。

那个旅人，此刻身在何方？他叩访过的空山，跋涉过的大漠，渡舟过的长河，卧眠过的山草，独钓过的寒江，聆听过的空城，避雪过的柴屋，留在空灵的文字间，写成了世间最美的诗歌长卷。（一气呵成，在字斟句酌的铺陈中，可以感受到“那个旅人”的世界趣味无穷。）

他的路在哪里？老树枯藤是鸦雀的路，小桥流水是炊烟的路，桃之夭夭是嫁娘的路，举杯邀月是悒人的路。他的路又在哪里？

他的路，在西风的袍袖中，在夕阳的咽喉里。他的路是一叶青草的枯荣，是天光云影的清澄如许，是以山的管弦问安水的歌喉，亦是以潮的起落唱和城的落寞。

他即是山水，融于山水之间，熏染着淡墨的昳丽，留白的深邃，空灵了念诵的芬芳。

我想，若山水有灵，定会陶醉于自己在书中潋滟的倒影。

以歌行之空，书山水之灵。

即是山水，即是空灵。（两个四字短语充分地展现了山水有灵的特点，用词妥帖，不见雕饰却意味隽永。）

点评

《空灵》以篇幅精短的散文组成，作者简媜以第一人称分饰不同诗境中的旅人，于登山、踏野、游江、怀古等过程中，探问生命之谜，追寻内在的净土。阅读这样的书，不仅能开阔眼界，更能熏陶心灵，小作者正是从这两个方面着墨铺叙一趟属于自己的阅读之旅。全文用语典丽灵巧，如"清冽啼啭""水迹恬淡""墨痕氤氲"等极富天籁感的词语随处可见；哲思悟想亦分散各处，如"山水，道是无情却有情""世间美好堪如此"等。

读一卷中华千秋

◈学校:嘉善县泗洲中学 ◈作者:姜熠晗 ◈指导老师:盛冬青

月夜,一人,一书,一盏香茗。

城市夜间绚烂的霓虹压过了寥寥的星光,面对现实繁华、喧嚣名利,但留一颗晶莹剔透的心,邀月同饮,翻卷自读。

徜徉于书卷一册,彳亍于神州万里,在阅读中,我洞见一个在时间之外超然演化的世界。(“徜徉”“彳亍”两个词语强调了读书对每一个人而言都有着妙不可言的意义。)

读一卷经国大业,看仁人志士于书页间指点江山,心怀天下。回首先秦,孟子寄义竹简,写下“穷则独善其身,达则兼济天下”,舍生取义,轻君重民,成一代亚圣之名。贾谊政论谏君:“一夫作难而七庙隳,身死人手,为天下笑者,何也?仁义不施而攻守之势异也。”一针见血,以史为鉴,图谋社稷长安。诸葛亮“受任于败军之际,奉命于危难之间”,鞠躬尽瘁,死而后已,其“报先帝而忠陛下之职分”显露无遗。(此段引用孟子、贾谊、诸葛亮的话来表现仁人志士心怀天下,旁征博引,气势宏大。)

他们的人格光风霁月,他们的文章正直磊落。

读一卷天地大道,悟仁人志士拓印在字里行间的真知灼见。“人生天地之间,若白驹过隙,忽然而已。”庄子慨叹人生短暂,却恣肆幻想宇宙的高远。逍遥而游,养神而生,“指穷于为薪,火传也,不知其尽也”,大道流转,于文字中生生不息。刘基于万物中探求天人合一,“风之过之,不雍不激……逍遥太空,与造化游”,松风起于大道之末,极高明而道中庸。“予,四方之寓人也,行止无所定,而于是阁不能忘情”,阅尽芳华后,眼中只有你,专注而深刻地懂得。

他们超越定见而成无己,他们的文章与万化冥合。

读一卷泣血哀歌，感动荡中的不平之鸣，听一支支笔述志明心。

汨罗江畔，“黄钟毁弃，瓦釜雷鸣；谗士高张，贤者无名”，滔滔江流抚一曲悲歌咏叹。屈原“何故深思高举，自令放为”？答曰：“亦余心之所善兮，虽九死其犹未悔。”

燃油灯下，“网罗天下放失旧闻，略考其行事，综其终始”，太史公墨笔成就千年绝唱。司马迁“何以就极刑而无愠色”？答曰：“伏法受诛，若九牛亡一毛，于蝼蚁何以异？”

南京狱中，“不孝完淳今日死矣！”无限山河泪，谁言天地宽。夏完淳“何不肯舍”？答曰：“父得为忠臣，子得为孝子。含笑归太虚，了我分内事……恶梦十七年，报仇在来世。神游天地间，可以无愧矣！”

他们的人生命途多舛，他们的诗文依旧雄健挺拔。

读一卷浮生俗事，品闲情逸致所在，吟风弄月，流连光景。“山水之乐，得之心而寓之酒也。”“始知锁向金笼听，不及林间自在啼。”“且将新火试新茶，诗酒趁年华。”“山中何事？松花酿酒，春水煎茶。”“第四桥边，拟共天随往。”“有三秋桂子，十里荷花。羌管弄晴，菱歌泛夜，嬉嬉钓叟莲娃。”举凡山水、花鸟、书画、茶酒、风俗、世情，无物不可入诗文。

一句句如同生活凡事，一字字深蕴浓郁性情。

一钩弯月为泻下的清辉犁开一条小径，浅浅地探出素白的手，将我带回月下的真实世界。（月下阅读的妙趣难以真切地表达，采用虚实结合的手法正好契合这个特别的情境。）

明月楼高休独倚，姑阅章卷，如掬长河水。

三千年文章，既有黄钟大吕，亦有浅斟低唱。三千年时光，将一切埋入尘土，却过滤出熠熠生辉的珠玑，历久弥新。

俯仰之间，已为陈迹。诸多留恋，也如搏沙捕风，逝而难返。（留恋如搏沙捕风，这个比喻新颖别致、富有雅趣，这是对“留恋”的独特感知。）但他们不甘在时光之流中湮灭，而是借文章执着地留下痕迹，来对抗这裹挟万物奔涌不歇的时间。

于是文章让人不朽，阅读使我们触碰他们的不朽。时间带走一切，读书带走时间。中华的千年时光，定格在字句之间，凝练成永恒的故事。

在月华下，无尽延伸的时间长河中，读一卷书，读一卷中华千秋。

点评

全文第一个亮点是层次分明、衔接自然。小作者分别从读"经国大业""天地大道""泣血哀歌""浮生俗事"四类不同性质的书来抒写不同的阅读收获，每一层面的结语有承上启下的作用。第二个亮点是精心组织语言，旁征博引，说理有力，如比喻论证，化抽象为具体，易于理解，字里行间洋溢着小作者的阅读享受和喜悦。

书海采珍

一本书之所以能成为我们的经典，它的力量多半不是缘于它自身，而缘于它介入我们生活的那个时机。

——周国平

平乱世，衡情义

——读《水浒传》有感

◈学校：浙江师范大学附属秀洲实验学校 ◈作者：姚兮远 ◈指导老师：王琳琳

翻开一卷历史，在乱世之中，上有奸臣当道，下有恶霸横行，百姓民不聊生。可总有一些人心中有抱负，在光线和尘埃里，在雪的过去、雨的未来里，放下对名利的执着，专注于他们的梦。

“醉的人们举起杯，笑的眼里全是泪。”梁山泊上的众多好汉遇酒便喝，似乎整部《水浒传》正是由酒牵起来的。（一个“牵”字看似漫不经心，实则点明了好汉们与酒的关系，由此引出下一段。）

花和尚鲁智深在酒楼喝酒，遇金翠莲父女诉苦，三拳打死了镇关西；与弟兄喝酒后，遇林冲，二人结为兄弟，并救其于水火；前去救兄弟史进时，同样路过酒馆，解闷消愁。酒，可以将人灌得酩酊大醉，同时也可使人付诸真心。以鲁智深为例，当他酒醒时想起所做之事，是否会因此而懊悔？应该是不会的，当他在野猪林，对林冲喊出那一声“兄弟”时，我们就应该知道，他的真心是什么，是对兄弟不离不弃，是路见不平，拔刀相助。可是，大宋哪有那么多鲁智深？又有几个梁山泊？当那些铁骨好汉除掉一个个恶霸、奸臣，又会生出更多的。一百零八个兄弟的豪情之下，却是这世界的渐渐腐坏与冷漠。

屈原生前曾有言：“举世皆浊我独清，众人皆醉我独醒。”这些好汉聚义梁山泊，像是乱世通向太平的梯子，小心翼翼地平衡着现实与理想。

“若生为幽草，我当萋萋而摇绿。”就算是一根小草，也不必羡慕大树伟岸参天，它依然可以长成一片碧绿。（运用比喻句含蓄地表达梁山好汉们的追求、向往和属于他们的特别的力量，饱含着崇敬之情。）梁山泊，对于那一百单八将来说，无疑是人生中一个巨大的转折点，有的人之前混迹于市井，行可耻之事，如鼓上蚤时迁，可当他到了梁山泊，便少了偷鸡摸狗，反而将偷盗发展为一项帮助人的绝活，自成一派。也有人之前已经声名远扬，是正人君子，如豹子头林冲，当他到了梁山泊，一改之前的明哲保身，在战场上所向披靡，独当一面。

每个人都有自己独特的一面，世界上没有一模一样的叶子。当好汉们融入梁山泊后，自身的锋芒收敛了，可一有任务下达，他们又回到了本真，变成血气方刚的好汉。他们生为幽草，但在梁山泊的保护下，一点一点地成长。他们并未在成长道路上迷失，他们自始至终，平衡着成长与初心。

“世界上总有一种‘利益’被人牢记，那是真情，也总有一份‘真情’应被人忘却，那便是一己私利。”作为梁山泊的头领，及时雨宋江在很多人看来，既复杂又单纯，既虚伪又有义气，既和善又凶残。他既是晁盖的好兄弟，又费尽心思与其争夺一主之位；他放不下头领之位，却常将它推却于人；他既是山东人民的及时雨，又是一刀杀死阎婆惜的贼配军。当他听闻卢俊义被抓，不惜兴师动众前去营救，可他为了引秦明入伙，使梁山壮大，也不惜杀害其全家上下。他或许也常常忏悔，为那些因他而死去的人。山寨头领不好当，可行走江湖，路见不平，拔刀相助的花和尚鲁智深，他心中的那杆秤，似乎从未失衡过。他不会因为怕得罪地方豪强，损失利益而放过恶人，也不像董超、薛霸在受人钱财后就试图陷害他人性命。不论是宋江还是鲁智深，他们在人性之中，平衡着世俗利益与心中真情。（本段旨在说理，但议论能建立在文本细读的基础之上；结尾句与首句遥相呼应，具有强调的作用。）

合上这一卷醒着的历史，结局正如鲁智深一样，无悲无喜地圆寂在历史长河中，可它似乎又没有消失，而是存在于我们身边。（用“醒着”来形容历史，拟人手法赋予了历史以人的行为特征，既准确又生动地表达了历史具有发展的特点。）愿我们能在这世界中，在现实与理想、成长与初心、利益与真情间找到一片属于自己的梁山泊，满怀梦想，敢于梦想。

点评

开篇第二节以“醉的人们举起杯，笑的眼里全是泪”引出重量级人物鲁智深，继而以此人为代表展开议论，分别从“现实与理想”“成长与初心”“利益与真情”三个角度进行阐述，最终揭示“即使处于乱世之中，也要满怀梦想”的观点，可谓构思新颖,结构精巧。此外,作者将作品内容和思想主旨与现实生活进行了巧妙的联系,可谓立意在言外,具有一定的现实意义。

书海采珍

大量的单纯的阅读会使我们的精神丧失灵敏性,就像是一根弹簧连续不断地受到重压就会失去弹性。如果一个人不想动脑思考,最保险的办法就是一旦空闲了就拿起一本书。这就解释了何以博学多识常使很多人变得比原来更加愚蠢麻木,并阻碍他们的作品获得成功。正如蒲柏所说,他们始终是:不停地阅读别人,却从来不会被别人阅读。

——叔本华

重叠的时空　交织的善意

——读《解忧杂货店》有感

◈学校:平湖市稚川实验中学　◈作者:姜昕延　◈指导老师:方　镕

在生活节奏越来越快的当下,每个人或多或少都有自己的烦恼与忧愁,《解忧杂货店》就像世外桃源一样是触不可及的幻想乡。

故事开篇便是对善恶的审视:三个小偷突然面对他人的倾诉,他们的反应却出人意料地柔软,认真的答复流露出善良的本性。无论是在奥运梦和患病男友之间犹豫痛苦的月兔,在追求音乐梦想和接受家庭现实中迷茫的克郎,不知是否接受孩子的川边绿,还是盘桓在离开父母和与父母一起逃亡想法之中的浩介,他们其实都很有主见。正像书中所说,其实他们不过是希望浪矢爷爷坚定他们的想法罢了;但这样树洞式的倾诉以及浪矢爷爷的温柔认真、三人组的真诚直接,实在地给人以温暖的感受。(“温暖”这个词既照应了第一段中的环境描写,又高度概括了东野圭吾的这部作品带给人的整体感觉。)

最令我动容的应是《深夜的口琴声》这个故事,克郎对音乐执着追求,但在三年的音乐生涯没有起色,父亲身体欠佳,三人组直言不讳的打击下,他也动摇了,而劝他重拾音乐梦的恰恰是克郎认为不懂他的父亲。曾经与他大吵一架、落寞离去的父母,其实一直都在他身后,只因为他是他们的孩子。在收到“我相信,将会有人因为你的歌而得到救赎。你创作的音乐也必将流传下去”的信后,他果然坚持到了生命的最后一刻。克郎在孤儿院无意地歌唱,女孩天赋惊人,克郎最终为了救女孩的弟弟而牺牲。女孩多年后成了远近闻名的女歌手,她的成名曲正是克郎的原创歌曲《重生》——这是善的奇迹,他的梦想以另一种方式实现了。

各个故事乍一看毫无关联,可是却充斥着细节,作者细腻的文笔像一根看不见的丝线将不同的人生串联起来,一个夜晚便跨过了数十年,读来却逻辑分明毫不费力。(从初读时觉得故事之间"毫无关联"到后来觉得"逻辑分明",表明作品有其独特之处,需要用心体悟。)时空交织,维度转换,一个房间连通过去、现在和未来,送来了过去人的困惑,隐藏着现在人的迷茫,叙述着未来人的感悟。几个故事的主人公,无论是否遵从解忧杂货店的建议,最终走的人生道路,或平淡或精彩,或富裕或普通,都是自我认可的。(这句话所包含的道理实在是太精辟了,小说是写给每一个人的,相信很多人能从中得到启发。)杂货店和每一个提问者共同完成了这一路救赎的过程,看似离奇的故事,却为我们展现了生活的真谛和生命的价值。读到最后,浪矢爷爷和孤儿院院长曾经的爱情为整本书画上了一个圆满的句号,我豁然开朗,这与《百年孤独》的结尾,马孔多在奥雷里亚诺·巴比伦全部译出羊皮卷之时被飓风抹去,有异曲同工之妙。

同时,我对生活的焦虑也缓解了不少。无论是学习还是工作,现在的人们都被压得喘不过气来,而如何在生活的压力与生命的尊严之间抉择,很多人就像提问者一样迷茫无措。但其实过了那"四十年",只要朝内心坚定的方向走了,即使再艰难,也无须后悔了。(这一段感悟性的文字应该是联系了实际生活中的经历和体验有感而发的,哲理性很强,值得咀嚼。)

或许这本书就是东野圭吾给我们的一封静静躺在牛奶箱里的回信,温柔地告诉我们人生的滋味。微小却永存的善意,才是解忧的不二之选。

点评

东野圭吾的这部小说故事情节环环相扣,深受学生们喜爱。小作者通过认真阅读和深入思考,获得了独特的阅读体验。通篇采用"聊天式"的讲述,从作品讲到现实,从浪矢爷爷讲到自己,紧紧结合原著内容来阐述自己的感悟——只要朝内心坚定的方向走了,即使再艰难,也无须后悔了。全文没有严谨的结构,没有华丽的词藻,但用笔简练流畅,肺腑之言引人共鸣。

金子与人

——读《默读》有感

◈学校:桐乡市启新学校 ◈作者:张芸熙 ◈指导老师:沈国英

网络文学是在2018年出现在我的视野中的。当时我接触的网文大多低俗、雷同,但《默读》的出现让我大大改变了对网文的看法。("大大"是表示程度的词语,虽然是普通用语,但用在此处却准确生动地表达了对网文的特别感受。)

《默读》,作者Priest,其文笔流畅、真实,我甚至怀疑她是不是忘记把"根据真实事件改编"写在扉页上了。各种描写手法、表达方式信手拈来,其中有一些文段优秀得可以当试卷考题。

书中的主要人物可以分为"默读者"和"朗诵者"。默读,就是不发出声音地读,可以理解为面对一件棘手之事,不慌乱,不声张,和平解决;而朗读,则与之相对,大声读,兴师动众。故事就是围绕着两方展开。作者用朗诵者和电台作为暗示,一个案件对应一本世界名著,名著中的人物与故事中的角色在某些方面十分相似,如《红与黑》中的于连对应赵浩昌,出身低微又有野心;《洛丽塔》中的亨伯特对应许文超,因童年阴影而产生恋童癖;《麦克白》中的麦克白对应周峻茂,野心勃勃,对权力极其贪婪;《群魔》中的韦尔霍文斯基对应魏文川,试图通过建立和发展地下组织,引发暴动;以及《基督山伯爵》中的埃德蒙·唐泰斯对应范思远,从受害者变为迫害者。以这几部作品为线索,主人公慢慢地寻找案件的真相,最终翻出了半个多世纪的罪恶。不由得感叹作者的文学功底,她看了我平时听都没听过的书,还运用到自己的作品中。("一个案件对应一本世界名著",本段花了较多笔墨列举了相关作品及对应人物,体现了要言不烦的创作特点。)

再说说本书的主角——骆闻舟和费渡。骆闻舟,他如同一棵明媚的、向阳生长的向日葵。小说写道:"那种家庭和谐、在美满生活里长大的孩子并不多,但是骆闻舟就是。”而费渡，是从很深很深的土里，一直挣扎向上，才能破土而出，迎着生命的裂缝向阳而生的小种子。他总是甜言蜜语，但内心却早已筑起高墙。费渡母亲的死亡使二人相遇，在之后的日子里，他们相互吸引，从尚有猜忌到并肩作战，从点头之交到生死相托，无不令人动容。骆闻舟于费渡而言，是治疗顽疾的药，是寒冬里的篝火，是悬崖前铁轨上的转向器。（三个比喻构成内涵丰厚的排比句，形象生动地表明骆闻舟之于费渡的重大意义，给人留下深刻的印象。）

整部作品就像在一处“柴门何萧条，狐兔翔我宇”的荒地，乌云散尽，阳光洒下，照到了早已干枯开裂的田地。小说会揪住现实社会中不起眼或被掩藏的问题，提取、放大、反映在故事中。

《默读》中的社会，在一片繁荣的景象下隐藏着的是虚伪、无情、腐败、罪恶。有的人不愿自己“吃饭”，而是游荡在混乱地带，用肥皂和劣质香水修饰过的声音发出呼喊，越喊越大，获取不知情的好心人的帮助，之后继续虚伪地“祈求”。也许有的人心软，听他们诉说着各种悲惨经历、各种身不由己，总会想“他们好可怜”“我是不是过分了”。也对，宽容和救助是需要的，毕竟王尔德说过“每个圣人都有过去，每个罪人都有未来”。可是，熊孩子在博物馆打坏了展品，母亲说一句“他还只是个孩子”，展品就能复原了吗？一个农民工杀了一直拖欠工钱的工地管理员，说“我也是迫不得已，家里上有老下有小的”，钱就可以发下来了吗？

要是能，那该有多可怕！

善是善，恶是恶，从道德来说只有一线之差，也许前一秒还是不幸之人，下一秒就是罪恶之人。

“公义也许会迟到，但不会缺席。”

好好活着，受了伤就乐观以对，鼓励自己，不要一时冲动，来到法律的边界，跨过去了。（这一句言简义丰，富有生活的哲理性，既是整体感悟，又是对每一个人的鼓励，正能量满满。）仔细想想，生活不是充满了意义吗？

正如书中所写：“因为生死、光阴、离合，都有人赋予它们意义，这玩意儿看不见摸不着，也不知有什么用，可是你我和一堆化学成分的区别，就在于这一点‘意义’。”

点评

《默读》具有情节精彩、格局恢宏、细节真实等特点，因而吸引了大批粉丝。但如果仅仅是关注故事情节，那么阅读就失去了应有的价值和意义。本文有两点值得学习：一、立意积极健康。小作者并没有将目光简单地停留在情节上，而是不断寻找作品与现实的关联点，透过表面现象去挖掘主旨——抱有希望的人寻找公正。二、思路清晰，重点突出。简写作品内容，详写个人阅读感悟，这是撰写读后感应有的态度和品质。

书海采珍

当我们第一遍读一本好书时，我们仿佛觉得找到了一位好朋友；当我们以后一次次读这本书时，每次都觉得又和老朋友重逢了。

——伏尔泰

笑对生活,报之以歌

——读《我与地坛》有感

◈学校:嘉兴市二十一世纪外国语学校 ◈作者:施申晖 ◈指导老师:史云飞

泰戈尔说过:“世界以痛吻我,而我报之以歌。”我曾感慨道,这该是一种怎样的情怀?更愤懑道,凭什么?就像瘫痪之初,不满命运捉弄的史铁生一样,无法释怀,暴怒无常。

我总以为,死亡是“世界”将给予我的最大的“痛”。我对于死亡的畏惧曾深刻在骨子里,每到夜晚只能开着电视,亮着灯,战战兢兢地睡下。但随着年岁的增长,我逐渐明白了生死,就像史铁生在地坛里徘徊数年,给出了让自己安心的答案:死亡终究只是一个虚无的目的,生命则是一个过程。我慰藉了自己的心灵,忽然明白了“向死而生”的含义,正是因为死亡是每个人既定的结局,生命才显得弥足珍贵。值得的人事物有很多!所以我们应该坦然面对生死,并且“好好儿活”!

我静思良久,该如何“报之以歌”,终于给了自己一个满意的答复:既然死亡的降临是必然的,那么让生命绽放,就是在向残酷的世界“高唱赞歌”。(采用“既然……那么……就是……”的句式,强调应以乐观的态度面对世界。)“生命的意义就在于你能创造这过程的美好与精彩,生命的价值就在于你能够镇静而又激动地欣赏这过程的美丽与悲壮。”

记得小学时,我有一次身体不适,医生竟说很有可能是脑瘤。这晴天霹雳,让我在往后的一段时间里,一直沉浸在“我将不久于人世”的恐慌中,眼前的春花失去了鲜艳和芬芳,夏树也失去了翠绿的生机,我也像史铁生一样,在叶落纷纷的秋天,愤怒地将玻璃杯摔向墙壁。还好,在父母不断的鼓励之下,我的脸上终于又显露出笑容,也最终幸运地得知,这是医生的误诊。在高兴地走出医院的同时,我也学会了坦然面对生死,学会了珍惜生活。之后,我始终抱有“面朝大海,春暖花开”

的希望，像史铁生一样为自己做“好运设计”，并且真的不屈于命运的戏弄，决定好好生活，这便是“世界以痛吻我，而我报之以歌”。(叙写成长过程中的一段难忘的经历，心理描写真实可感。)

可是“乐观若是一种鼓励，困苦必属于常态”。笑着面对生活绝非易事。除了疾病，学习工作上的失败，为人处世时的蒙冤，这些都是生活中的挫折，甚至是你一时无法越过的鸿沟，是你需要花费数载光阴去填补的空洞。(将挫折喻为“鸿沟”“空洞”，真实地表达了面对生活中的困难时所产生的种种无奈和担心。)但是，我们仍应心怀希望，或者说，永不服输。比如，就像史铁生在地坛遇见的长跑者，跑了六年，可每一次比赛都是挂他名次之前的人的照片，他也渐渐跑不动了。那种逆境使你消极无奈，沉闷一时。可后来当你回首，不论曾失败或成功，你拼尽全力的样子，都会让你微笑：你从未放弃！“看清了这个世界，而后爱它”，那时间只打败了你的身体，你的精神完好无损。你继续“跑”着，就像史铁生一样。这也是“报之以歌”，就是止于至善——虽不能至，心向往之。

人生不如意事十之八九，“人间正道是沧桑”。是的，挫折和意外往往伴随人的一生，没有一个人可以一帆风顺地过一生，那我们不如把困苦与磨难当作上天的馈赠。就像地坛里被剥蚀的浮夸琉璃、淡褪的朱红门壁、坍圮的段段高墙，当光辉铺平时，坎坷会被映照得灿烂！经历了磨炼，剩下的便是风雨过后的彩虹，是成长与感谢！(这一段感悟是成长中最积极的人生宣言，富有哲思，引发共鸣。)

“满园子都是草木竞相生长弄出的响动，窸窸窣窣窸窸窣窣片刻不息。”你看那地坛“衰败但并不荒芜”！世界以痛吻我，我便报之以歌！

点评

小作者阅读《我与地坛》最大的感悟是“世界以痛吻我，我便报之以歌”，由史铁生进而想到自己在成长中的一次特殊经历。全篇行文紧扣主旨，记叙详略得当，重点突出，细节处刻画生动传神，恰到好处地揭示了人物由害怕到无助、由反思到醒悟的内心世界；议论时或正反对比，或引用名言，或直陈道理，处处洋溢着一个初中生积极向上的情感。首尾遥相呼应，再次强调了主旨，给人留下深刻印象。

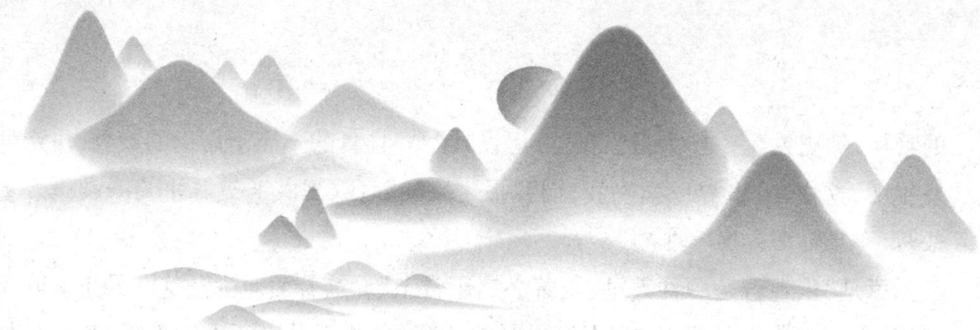

不负青春

◈学校:嘉兴市洪兴实验学校 ◈作者:李思雨 ◈指导老师:费 佳

天,灰暗。

地,荒凉。

彼时,一面鲜艳的红旗在空中迎风飘扬,红旗上明亮的星星,照耀着中华大地……(“迎风飘扬”一词生动地再现了红旗在空中飞扬的场景,给人如见其景的现场感。)

《红星照耀中国》是美国记者埃德加·斯诺在访问陕甘宁边区后,记录下的所见所闻。他向全世界报道了西北革命根据地的中国共产党、中国工农红军以及红军各位领袖的真实情况。

吃,清淡。

穿,朴实。

在书中,我们了解到,其实红军的重要领袖毛泽东、周恩来等同志,也住着和平民百姓同样简朴的小屋,喝着清汤寡水,穿着粗衣布衫。他们与人民同吃同住,为人民效劳,为人民操心。在周恩来同志被高额悬赏首级时,他的门前却只有一个哨兵。他屋子里的陈设非常简单,就连蚊帐都算是其中最奢侈的物品,房间里仅仅只有一个土炕,两只铁制的文件箱和一张当办公桌用的木制小炕桌。这些朴实的领导人带领着红军一边战斗,一边生产,他们为当地人建设了许许多多的学校,帮助陕北文化落后的人们摘掉“文盲”的帽子。他们这些热心的革命者,是多么的让人感动啊!

性,坚毅。

心,勇敢。

在书中更令我敬佩的,是红军中的“红小鬼”。他们的年纪与我们一般大,都是少年先锋队队员，朝气蓬勃，正是读书的时候，但他们却跟随着红军部队经历风风雨雨，在长途跋涉中慢慢成长，在枪林弹雨中渐渐成熟。他们中有一个号手，虽只有15岁，却已经参加红军4年，参与了长征，是一位“老”红军了。他穿着简朴的衣服，戴着褪了色的帽子，脸却是红彤彤的，眼睛是闪闪发光的。这些孩子一无所有，穿草鞋，啃树皮，嚼草根；他们又有着一切，战友、亲人、国家。他们用他们热血的青春谱写着生命的赞歌，陈述着生命的意义！（用抒情性的句子直接表达对“红小鬼”的赞美，感情炽热而真诚，并无矫揉造作之感。）

生，伟大。

死，光荣。

这本书使我不禁联想到电影《八佰》。影片中，也有几名年纪轻轻的学生与抗日军人一同参与抗战，他们中有人甚至都没碰过枪，但遇到日军也不退缩。他们固守苏州河畔，阻击日军，面对战友的牺牲，他们也毫不畏惧！河畔，子弹伴随大雪一同落下。枪林弹雨中，形同废墟的仓库里，一双清澈的眼睛望着对岸租界，岸边繁华的街道，戏子在台上舞着长矛，恍惚间，他仿佛看到他牺牲的同伴，身跨战马，手持宝剑，冲锋陷阵，英勇报国……（本段由《红星照耀中国》联想到电影《八佰》，由此及彼是因为两者有“为了国家而敢于牺牲”的共通点，读后感的内涵更为丰富了。）

放眼这个和平的年代，我们生活的每一片土地，都是当年的英雄、烈士们为我们守卫的。那些战争时期的孩子，他们没饭吃，没衣穿，没学上，而我们不愁吃不愁穿，享受着九年义务教育，无忧无虑地躺在祖国母亲的怀抱里，享受着他们奢望不来的生活。

正因为这样，我们更应珍惜现在来之不易的生活，我们应好好读书，为报答国家、回馈社会打好基础！如今，阳光普照大地，鲜艳的五星红旗飘扬在我们中华大地的各个角落。红星永远照耀着中国！（结尾段联系个人的生活体验来总结阅读收获，言简意赅，主旨深刻，同时又与开头呼应，结构严谨。）

点评

全文篇章结构设计巧妙：“天，灰暗。地，荒凉”对应创作的时代背景；“吃，清淡。穿，朴实”对应生活条件；“性，坚毅。心，勇敢”对应性格行为；“生，伟大。死，光荣”对应精神品质。这样的安排使原本庞杂、高深的文字瞬间变得清晰、有序起来。此外,小作者还跨越了时空的限制,将过往和今朝联系起来,将英雄和凡人联系起来,视域扩大了,感悟也就更深刻了。

书海采珍

读书,永远不恨其晚。晚,比永远不读强。有一个原则也许是值得考虑的:作为一个道地的中国人,有些部书是非读不可的。这与行业无关。理工科的、财经界的、文法门的,都需要读一些蔚成中国文化传统的书。经书当然是其中重要的一部分,史书也一样的重要。盲目的读经不可以提倡,意义模糊的所谓“国学”亦不能餍现代人之望。一系列的古书是我们应该以现代眼光去了解的。

——梁实秋

彷徨·追寻·梦想

——读《大地之鹰》有感

◆学校:北京师范大学南湖附属学校 ◆作者:王郅豪 ◆指导老师:樊美枝

破晓时,在刀劈斧剁般高峻的峰峦之巅,几片薄薄的雨翼,在怪石对峙的间隙中往来穿梭,一抹金色的阳光从远处的地平线飞来,在石壁上映下一个展翅翱翔,犹叹天地的身影,踌躇徘徊犹豫。

这是《大地之鹰》中的一段。神羽眺望着那深不见底的深渊,小心翼翼地收回利爪,他还是决定放弃了,地上的生活十分安逸自在,他已经习惯了,知足常乐吧。神羽回过身将重心和对今后生活的期望,毅然地压下,他将脚爪抬起,疾步振翅冲向山崖的另一边。扇动的翅膀一刻不停地在他肩下汇聚气流,终于化作一股强劲的疾风,将神羽送上了青天。

不知在失意的过去,神羽是否想到累赘的巨翅能带他飞向属于他的国度;不知在大展宏图的当下,神羽可有留意过,他曾经仰赖的双腿,在新的疆域内是多么渺小、落寞……(两个"不知"作为阅读猜想,既是对作品内容的简要概括,又用以引起读者的阅读兴趣。)

阅读《大地之鹰》,与一只历经磨难的金雕共同飞行。

书中的金雕名作"神羽",他的左翅上有一根发育不正常的羽毛。他的母亲误以为这是早慧的潜质,没舍得将羽毛拔掉。世上本没有神童,只有对孩子寄托了太多希望的家长。正是金雕妈妈的虚荣心造成了神羽在学飞时一次又一次的失败,最后渡鸦群将神羽的母亲赶走,并想将坠落在山坡的神羽当作食物。

自然是残酷的。在渡鸦心目中,只有在空中飞行的金雕才是真正的金雕。但在神羽心目中,他虽然不是母亲眼中的"神鹰",但也不是渡鸦眼中的任人宰割的食物。神羽奋起反抗,他用利爪与渡鸦战斗,并杀死了一只渡鸦,用行动证明了自己。

落后就要挨打,这是对中国遭受帝国主义侵犯的历史的总结。这并不是说中国就应该挨打。帝国主义侵犯中国是一种罪行,但如果中国人民不抗争,那么这种罪行也不会得到应有的打击。力量,必须用力量去抗衡,一味忍让是无济于事的。

但一个人最大的敌人始终还是自己。神羽失去了飞行能力,被迫选择在地面上生活,做一只"大地之鹰"。

可有谁敢说,这是一个悲剧?女娃被海淹死后,化为精卫,一心想要填海。就是再被淹死,也不过从鸟变为其他事物。

可有谁敢说,这是一个悲剧?刑天被天帝砍去头颅,仍挥着武器作战,斗志丝毫未减。

可有谁敢说,这是一个悲剧?司马迁下入蚕室,忍辱负重写出史家绝唱;张仪身份低贱,被诬陷诟病,却凭三寸不烂之舌纵横天下……

(三个自然段构成排比段落群,内容丰富,同时以反问句的形式加强肯定的语气。)

鲁迅曾经说过:"真的猛士,敢于直面惨淡的人生,敢于正视淋漓的鲜血。"神羽,就是这样的猛士!金雕可以坠落地面,但不能丧失尊严。他敢变通,"师夷长技以制夷",用渡鸦"啄眼睛"的绝招击败了墨守成规的赤狐。

我本以为神羽从此将会坚定地生活在大地上。但他没有。"一只真狼,无论你怎么精心喂养它,它始终向往着森林。"神羽在寒冷的冬天,啄下了身上的残次羽毛。他为什么要忍受这样多余的痛苦?尽管后来神羽又长出了发育正常的羽毛,并最终飞上了天空。但始终让人不能理解,神羽为什么不愿享受陆地生活,而要重新起飞?

我们不妨从王国维总结的"人生三境界"里寻觅一些启示。综观全文,金雕神羽始终在与命运博弈。他坠落地面,"昨夜西风凋碧树,独上高楼,望尽天涯路",这是彷徨;他自力更生,"衣带渐宽终不悔,为伊消得人憔悴",这是追寻;他重新起飞,"众里寻他千百度,蓦然回首,那人却在,灯火阑珊处",这是顿悟。(以"彷徨""追寻""顿悟"作为神羽与命运博弈的三重境界,这是对作品思想内核的高度总结。)

这人生三境界,也是成大事者的必经之路。只有自强不息,克服彷徨,努力追寻，才能达到目标。不忘初心，方得始终。

点 评

全篇行文紧扣文题的三个关键词：彷徨、追寻、梦想，以简要的笔墨叙写神羽的经历，中间穿插经典名言、神话故事、名人事例以及个人感悟，更妙的是文末将神羽带来的启迪与王国维提出的"人生三境界"结合起来，起到了画龙点睛的作用。此外，小作者文采斐然，笔触细腻，善用妙喻——或生动活泼，引起共鸣；或深沉含蓄，令人思索。

书海采珍

一个人和书籍接触得愈亲密，他便愈加深刻地感到生活的统一，因为他的人格复化了，他不仅用他自己的眼睛观察，而且运用着无数心灵的眼睛，由于他们这种崇高的帮助，他将怀着挚爱的同情踏遍整个的世界。

——茨威格

歌颂生命的散文诗

——读《昆虫记》有感

◈学校:嘉兴市秀洲现代实验学校 ◈作者:林倩雨 ◈指导老师:高 丽

我对法布尔与他的《昆虫记》并不陌生——大概正是由于书和作者声名远扬，反让我在翻开这本书前并不抱太大的期望。有时，过多的赞美会让人产生过誉的不真实感。

于是，我怀着偏见翻开了这本在人类历史上颇负盛名的科学巨著，并暗暗期望着它能用不那么晦涩的语言，让我早些完成这次阅读。

但当我沉浸其中细细品读时，方知自己错得彻底。

一种难以抗拒的力量将我轻轻地拉入了这个我从未了解过的昆虫世界。(阅读时产生的“难以抗拒的力量”与前几段文字形成鲜明的比照，突出《昆虫记》的魅力巨大。)这分明是一本措辞严谨却又异常生动的“昆虫故事会”。有趣之余也不乏各类并不显得呆板的数据、对比、现象、结论。因着这种从描绘的现实背后透出的温暖人情味，这本曾被我视作“阅读任务”的书，成了我渴望去探究的神秘乐园。法布尔对这些小家伙似乎抱有我们无法想象的情感以及迫切的求知欲望。这种强烈的渴望轻易感染了我。这份热爱通过文字，穿越过百年的时光，将生命的内涵向我娓娓道来。

书中对虫子的各类称呼，诸如“歌唱家”“失主”“窃贼”等，已不再仅限于修辞，更像是自然流露于文字间的温情。这跃然纸上的喜爱或许就是《昆虫记》生机盎然又妙趣横生的源头。如果一个人对与自己朝夕相伴之物，永远保有最初的尊重与热爱，那么这种感情会通过文字表达出来。

正如法布尔在书中所说，“应孜孜不倦地对事实进行探究”，他也的确对此身体力行。在这本近三十万字的书中，除却引自经典的寓言与诗歌其他完完全全是他通过实地观察、亲身尝试以及漫长的等待得来的。他拒绝一切道听途说，用眼见的真实跳脱出那些“大家著作”，一心一意扑在那唯一可考证的事实——昆虫，这个群体上。他倾其一生心血，纵然在此过程中遇到无数挫折，也从未轻言放弃。

当身为读者的我们翻开书时，能读到的、感受到的便是字里行间透出的真挚。那些充满灵气的小虫子的生活，就是他想赠予世人的伟大的微观世界，是他想展示给我们看的、藏在未知背后的科学。（人类和昆虫虽然处于两个不同的世界，但微观世界中隐藏着的那些“秘密”却值得人类学习，本段文字简短却寓意深刻。）

那些虫子曾是多么让人厌恶，但在法布尔生花的妙笔下，又显得如此可爱。或天真，或狡黠，个个都有着独特的自我。就连仅是说起名字都让人难以忍受的推粪虫，也变得憨实可爱起来。它们的个性透过薄薄的纸页，在文字中生出了人性，拥有了情感。（用“可爱”“憨实”等褒义词赞美曾经厌恶的虫子，字里行间流露着阅读之后所获得的全新感悟。）

与此同时，与昆虫有关的知识仿佛也不自觉渗入了我的脑海。以至于在听见蝉鸣时，那“知了——知了——”的叫声在我耳畔编织成了一首为它平反的诗，进而又想起《昆虫记》那如同散文诗一般美好而朴素的文字。

法布尔似乎不会厌倦，他日复一日盯着这些小东西，记录着它们或长或短的平凡的一生。从出生、蜕壳、捕食、筑巢、繁殖，直至死亡。于我们而言，它们跌宕的一生或许只是一个日月轮回而已，而即使是如此短暂的生命，在法布尔眼中都是值得被关注的珍贵宝藏。很多人不解，但答案他早已写在书中了：

> 生命是绝不会从化学垃圾中迸发出来的。

最初的生命，源于自然。由微渺的原子粒子，组合成堪称奇迹的独立生命体。渺小之物，亦有伟大之时。在自然界被人类热烈探究以前，有谁知道，小小的一只蜜蜂，连接起了整个地球的生态系统。此刻我们身旁吹过的清风，你又怎知不是源自太平洋彼岸的某只蝴蝶扇动翅膀时搅起的气流？（以渺小的蜜蜂、蝴蝶为例，表现其巨大的能量，从而进一步指出昆虫世界自有存在的意义和价值。）

走进自然，才能从细微之处发现由生命所创建的宏景；知晓生命的伟大，才更能对孕育出这些奇迹的世界充满敬畏。

愿你我未来都能在这辽阔的天地之间，自由地书写歌颂生命、歌颂自然的散文诗。

点评

法布尔的《昆虫记》向世人展现了一个多姿多彩的昆虫世界，阅读时需要带上一双特别的眼睛方能真正领略其中的美好。小作者对法布尔尊重、热爱昆虫的举动充满了敬意，字里行间流露着赞美之情。此外，小作者通过阅读在认知上有所收获，如对推粪虫由厌恶到觉得它可爱，对蜜蜂等渺小之物的本领有了更多了解，明白昆虫有值得人类学习的地方。文章以"感受真实深刻，表达生动活泼"取胜。

书海采珍

关于读书，一个人可以对别人提出的唯一指导，就是不必听什么指导，你只要凭自己的天性、凭自己的头脑得出自己的结论就可以了。

——弗吉尼亚·伍尔夫

悟红岩之魂，扬红船之神

——读《红岩》有感

◈学校：嘉兴市秀洲现代实验学校 ◈作者：卜诗妍 ◈指导老师：姚平平

面对生的渴望，陈然“自白”道：“人，不能低下高贵的头……”面对死亡的威胁，江姐曾说：“竹签子是竹做的，共产党员的意志是铁铸成的。”（以两个共产党人的革命独白构成气势强烈的句式，极具感染力。）就是这样的一群人，他们生活在阴暗肮脏的牢笼中，四周是伸手不见五指的黑暗，面对敌人的严刑拷打，随时有牺牲的可能，他们不卑不亢，坚贞不屈，带着革命乐观主义精神，和敌人斗智斗勇。

他们，就是宁死不屈、铁骨铮铮的共产党人！

黑暗的牢笼，抵挡不住他们对光明的渴望；严酷的条件，抵挡不住他们对胜利的追求；阴沉的环境，抵挡不住他们对未来的想象。他们为了人民的利益，为了党的利益，为了国家的利益，面对敌人的严刑拷打，如钢铁一般，宁死不屈，甘愿献出自己的生命。这是一支多么伟大、多么光鲜的队伍啊！这就是共产党员的精神，是红岩精神，是红色精神，是当代颂扬的“红船精神”！

何为红岩精神？在我看来，红色，鲜艳夺目，带给人们无限的遐想，它象征着革命的胜利和光明的未来。岩石，代表坚强和勇敢。红岩，那是用无数革命烈士的鲜血染成的啊，它是无数党员信念的支撑和理想的寄托。（自问自答，以问起笔，用高度凝练的文字抒写红岩精神的内涵及其影响力。）

追溯历史，近百年前中国共产党成立，它犹如一轮红日，在东方冉冉升起，一步步带领中国人民走向胜利，走向未来。所谓“星星之火，可以燎原”，共产党成立初期，党员人数很少，但它以其正确的革命纲领和以人民利益为主的宗旨，迅速吸引了诸多爱国人士，并席卷全国。而那艘曾经见证了中国共产党成立的画舫也被人民尊称为“红船”。

忆往昔峥嵘岁月，无数优秀的共产党员如雨后春笋般冒了出来，毛泽东以其优秀的军事和政治才能领导人民，贺龙用一把菜刀建立了一个苏区，朱德为革命甘愿丢弃个人财富和地位……先辈们带领中国人民推翻旧制度，走过白色恐怖时期，争取民族独立，最终成立新中国。经过数十年的发展，中国已步入强国之列。从“两弹一星”到漫步太空，从C919国产大飞机到“复兴号”，从杂交水稻到青蒿素……中国的科技、交通、农业等迅速发展，已无法让世界忽略，这似乎在昭告全世界：她，不会再让任何人欺负！

历史发展，时代变迁，至今热血犹殷红。《红岩》是时代的产物，但它的精神仍需要我们去实践。作为身在南湖畔的中学生，我们更要传承并发扬红色精神，发扬“红船精神”，完成时代赋予我们的使命，积极维护国家统一和领土完整，为实现中华民族伟大复兴而努力。这是我们的使命，也是我们的骄傲。

晨星闪闪，迎接黎明。

林间，群鸟争鸣，天将破晓。

东方的地平线上，渐渐透出一片红光，闪烁在碧绿的南湖之上；湛蓝的天空，万里无云，绚丽的朝霞，放射出万道光芒。（从开篇的“死亡”“黑暗”到此刻的“红光”“朝霞”，景由情生，环境转为亮色标志着时代的变化。）

那道红光，也许就是那红岩……不，那就是红岩！

点评

本文由江姐等共产党人起笔引出红岩精神，继而追溯历史，忆往昔峥嵘岁月，再到新中国成立，时代赋予新的使命……写作思路以历史发展为经，以阅读《红岩》的现实意义为纬。语言精雕细琢，比喻、排比、设问等修辞手法的灵活运用，使表达多添了几分韵味；长句短句灵活运用，具有参差错落之美；结尾处的虚实结合预示着光明的前景。灵动的语言表现出小作者高超的文字驾驭能力。

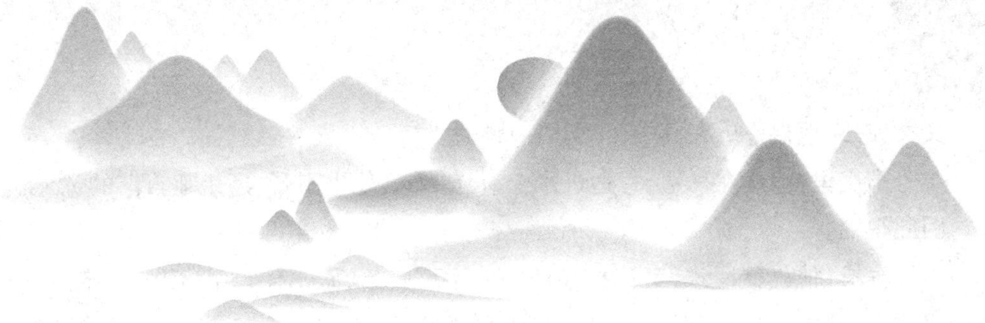

启·终

◈学校：浙江师范大学附属嘉善实验学校 ◈作者：苏朱颜 ◈指导老师：沈秋凤

沿着长江逆流而上，过三峡，入四川，绕佛像，望乐山，走进景祐三年十二月十九日的眉山。又进纱縠巷，走过梨树、池塘、菜畦、竹林，听见一声婴儿的啼哭。在这一天，降生了一代文豪，一代传奇，甚至是一代画家、酿酒师、工程师、佛教徒……有关他的故事数不胜数。

他对中国古代文学的推进无疑功劳甚大，有以他为名的食物，也有因他盛名的景观，他在别的和文学毫无关系的方面也做出了不少贡献。可以说，他的存在成就了中国历史的又一个高峰。

后人把他的故事写成著作，其中一本，叫《苏东坡传》，是林语堂先生写的。我有幸捧读，惊异于苏轼的才华与人生起伏，自觉受益匪浅，却又不知其所以然，想着自己的平平淡淡，与仙才的惊世骇俗相比，要想学习他，似乎是件难事。

一时茫然，望其一生，一位大文豪的启终盛衰，倒是渐渐清晰。（初读作品，从"茫然"到"渐渐清晰"，这样的阅读历程何其美妙。）

一

苏轼的一生，简单来说就是"一贬再贬，贬无可贬"。本是极其悲惨的人生，他却写了一首首诗词，一篇篇文章，排解自己，聊以慰藉。应是才华招人妒，闹了个乌台诗案，类似宋代的文字狱。在对方的指控面前，他还承认，他是在诗中批评新政。

我于是一愣，是什么让他有胆量承认罪名？也许是于心无愧，自觉写诗没有过错，又坦然面对，遇到什么都沉着冷静。甚至，若承认，他就可以在驳斥中讲解文学典故，他也许乐在其中，又不屑一顾。

牢房里，他枕在一边，忽地进来个奇怪的人，他也不管，还是睡自己的觉，倒也因此得福。

案毕，他出狱回家，又诗如泉涌一发不可收拾，忍不住提笔“犯了对帝王不敬之罪”，自嘲道：“我真是不可救药。”如此看来，那个坦然冷静、问心无愧的苏轼又成了不知悔改、尝了苦头也不回头的苏轼了。

读他的诗文也不是一回两回，早就知道他就是个天生的乐天派，心大得好像全世界都是好人，什么事都有好的一面，“乐观豁达”这个词听了也不下数十遍。他总是顺其自然，高兴不高兴总要写点什么，不管在哪里，遇到什么人，做了什么事，他总一副泰然自若的心态，永远坚持自己的信念，即使忧患来临，也一笑置之。他有时狂妄，有时玩笑，有时庄重，有时悲凉；他屡遭贬降，但从不因外物动摇改变；他心直口快，生性倔强，是非分明，纯然质朴。(四个“有时”表明苏轼经历了不少人生波折，一个“但”字又盛赞其乐观的品性，这个长句内涵很丰富。)

世上还能找到第二个如他般的人物吗？

找不到了。

我敬他这番人格魅力，敬他如清风般过了一生，一往无前。他的这番心境，是当今人们大都没有的，纯净的道德，忍受痛苦的决心。总有人过得痛苦、跌宕，关键不在于生活是怎样的，而在于内心。

二

他作为一个老人，被贬到了海南岛。这可以说是如获死刑。

食物缺乏怎么办呢？他发明了食阳光止饿法，自己颇以为道。想写文章没有纸笔墨怎么办呢？他与儿子一起烧制墨水。在海南岛太清闲怎么办呢？他到乡野采药，考订出了别人从未找到的药草；还整理出了《东坡志林》，为《尚书》注解；与当地居民畅谈来往，无论身份尊贵与否，来者不拒。海南岛气候严峻，夏季潮湿气闷，冬季雾气极重，秋天没有东西不发霉，怎么办呢？他却还苦中求乐，说道：“惟有一幸，无甚瘴也。”

他仅仅是文学上有造诣吗？绝不是的。他自己盖房，自己种植，自己发明菜肴，深谙佛道，还研究治疗风湿等疾病的方法。他既是诗人，还是建筑师、厨师、心慈的法官，是百姓的朋友。他的全才，他的与民同乐，他的苦中作乐，造就了一个真正的苏轼。在海南岛又怎么样？他不照样是光芒万丈的苏东坡吗？他的光芒是从他的心怀、从他的赤子之心、从他的心系百姓里发出来的。（本段最后三句采用设问、反问、总结性陈述的特殊方式来表达，一个"高大上"的苏轼已经跃然纸上，又何须再多言。）

他是天地的凤毛麟角。

我敬他的才华，敬他的内心。我们作为同样在世间——或说终将在世间沉浮的人，都要有这样一颗心，一颗永远纯真自然、洁白无瑕的，总能在人世中找寻自己价值的心。这才是马斯洛人类需求金字塔顶端的真正意义。苏轼就是一个拥有自我价值需求的人，而我，我们，终其一生，都在努力成为这样的人。

故事总有终结，这样一个伟人，也在结束海南之行后几年病故。翻到最后一章，我追随完了他的生活。读完《苏东坡传》并不需要很长时间，在我的人生中大约只是一瞬。一代天骄落幕，而他留给后人的作品、思想，却是万古不朽的。（苏轼留给后人的影响到底有多大，以"万古不朽"来表达虽略有夸张，但细品之下，倍觉有味。）

终了。

点评

在写苏轼的众多作品中，林语堂先生的《苏东坡传》绝对值得一看。本文抓取苏轼一生沉浮中最为重要的几个阶段构架全文，行文舒展自如，多种表达方式相结合，几处细节刻画生动传神，恰到好处地揭示了苏轼的内心世界，同时也是阅读者本人在思想情感上有所感悟的体现，多个"敬"字充满了无限钦佩之情。

深陷泥潭的孩子需要一束阳光

——读《青铜葵花》有感

◈学校：上海世外教育附属嘉善县第三中学 ◈作者：陈雨婷 ◈指导老师：许 红

用青铜制作成的葵花，它永远闪耀着清冷而古朴的光泽。葵花爸爸与葵花之间，是生死之约，是不解之缘。就如同葵花与青铜之间，是第一眼由心而生的亲切。

他们之间有缘。

葵花与大麦地有缘。

《青铜葵花》语言平淡、质朴。女孩葵花的生活原本是普通孤单而又宁静的，葵花爸爸消失在葵花田打破了这平凡的生活，这是一切故事的伊始。

葵花与青铜是有缘的。葵花在幼年时失去了一个哥哥，在大麦地、在那所小房屋里她又重新获得了一个哥哥。

一个眼睛里仿佛嵌着星星的男孩。

我平静地翻着书页，阳光洒落在书面上，泛黄的书本如同田里的葵花，明亮、温暖而不可及。（代入自己作为一个孩子的体验去感受这个有温度的故事，入情入戏，合情合理。）

青铜也是孤独的，那是一条鱼独自拥有大河的孤独。不能说话使他无法和其他孩子一起玩耍。他就在岸边看河，看天，看起伏如波浪的芦苇。

直到有一天他看到了葵花。

两个孤单灵魂的碰撞，没有令人咋舌的火花，只有相互守候的陪伴。他们互相守护，互相依靠。

他们是彼此的第一个朋友。

我心口酸涩，充斥着莫名的情感，如同身临其境，亲眼见证这一切，见证这两个孩子的改变。

大麦地人的善意，青铜一家的关怀，铸造了全新的葵花，阳光四射，生机明亮。如同葵花爸爸钟爱的葵花。

葵花将它的面孔，永远朝着神圣的太阳。

它们是太阳的孩子。

暖调的葵花会柔和冷调的青铜的，因为这是葵花的雕塑家爸爸一生中最成功的作品。

葵花是太阳的代表。但是太阳是不可及的。

葵花被接走了。青铜只看到了远去帆船的白点，在灿烂阳光下逐渐模糊、消失。

青铜在草垛上度过了一天又一天，他眺望大河。恍惚中，他看见了葵花归来。他张口：

“葵——花！”泪水决堤。（帆船、草垛，作者勾勒的画面让读者秒回小说场景。）

伴随着这声呐喊，他幼年火灾的心结解开了。

葵花与青铜，青铜与葵花，他们是互相守候、互相拯救的。

他们是有缘的。

青铜不再哑巴，因为他遇到了改变他命数的葵花。

葵花不再孤单，因为她收获了大麦地人、青铜一家纯粹真挚的情感。

那么同青铜、葵花一样的孩子呢？他们遭受创伤，他们忍受孤独，他们遥望天空。（小说故事与现实生活的情景交织重叠，引发读者对现实生活中深陷“泥潭”孩子的关注。）

他们需要如同大麦地人的善意。他们也需要一朵葵花。

他们需要一束照亮泥潭的阳光。

他们在等待。（蒙太奇手法结束对小说的思考，令读者意犹未尽。）

点评

《深陷泥潭的孩子需要一束阳光》，这个沉甸甸的题目本身就是一个对现实问题的拷问。读后感中对曹文轩小说片段的截取，淋漓尽致地展现了“苦难中的纯美大爱”，这份对生命、对生活坚守乐观的诚意，足以让当代青少年重识。

不变的红色

——读《红星照耀中国》有感

◈学校:海宁市紫微初级中学 ◈作者:严千一 ◈指导老师:徐燕平

“以史为镜,可以知兴替。”跟随着斯诺的脚步,怀着激昂澎湃的心情,我走进了《红星照耀中国》这本书,走进那段风云起伏的历史,感受那充满激情的岁月。合上书本,我依然感慨万千,这是一种不变的红色。

本书是美国著名记者埃德加·斯诺的不朽著作。作者于1936年6月至10月对中国西北革命根据地进行了实地采访和考察,根据采访和考察所掌握的第一手资料,写成了《红星照耀中国》。斯诺作为一个西方新闻记者,对中国共产党和中国革命做了客观评价,并向全世界做了公正报道。全书共12章,主要内容包括对红军长征的介绍,对中国共产党和红军主要领导人的采访,以及中国共产党的抗日政策、红军的军事策略、作者整个的采访经历和感受等。(简洁而清晰地勾勒出《红星照耀中国》的主要内容。)

书中有这样一句话:“中国共产党及其领导的红色革命犹如一颗闪耀的红星,不仅照耀着中国的西北,而且必将照耀全中国。”红星能够照耀全中国的主要原因之一正是有中国共产党及红军革命领袖的领导。身为最高领导人的毛泽东给斯诺留下了这样的印象:“他是个面容清瘦,看上去很像林肯式的人物……是一个非常机智的知识分子的面孔。”毛泽东出身于农民家庭,但从小就展现出勇于反抗、勇敢无畏的性格,后来领导秋收起义,失败后被捕,险些被枪杀,最后死里逃生,继续进行革命工作。即使被国民党悬赏重金捉拿,他仍然每天心无旁骛地为共产主义事业工作,这一定就是革命理想高于一切的坚定信念。毛泽东每天工作十三四个小时,常常直到深夜两三点才休息,那时烛光已漂白了四壁。这种意志的形成可追溯到他读书求学期间的艰苦锻炼——长途跋涉,在严寒的日子里去游泳,在雨雪中光着脊梁，有一次他花了整整一个夏天走遍家乡湖南全省。这些造就了他忍受最大的艰难和困苦的能力。除此之外，强烈的自律精神和求知欲也是其红色基因的写照。离开湖南省立第一中学后，他安排了一个自我教育课程，每天到湖南省立图书馆里读书，每天待在图书馆直到关门的时候。这为他建立专业、先进的理论奠定了基础。

周恩来出身书香世家，身体里流淌的却不是温和书生的血液，他具有忠心耿耿、吃苦耐劳、不屈不挠的品格。为了保住苏维埃政权，周恩来进行了多年的斗争，甚至没有盐吃，不得不用铁一般的意志来维系生活。贺龙用一把菜刀在湖南建立了一个苏区，1928年，几个国民党收租的人来，他就率领村里几个人袭击，用一把菜刀杀了他们，解除了卫队的武装，缴获了足够的武器来武装他的第一支农民军队。身先士卒、负责诚实的朱德，意志刚强的彭德怀，特立独行、勇于斗争的徐特立……这些人都有着爱护部下、平易近人的共同特点，这些是红色基因的共同特征。面对诱惑，保持革命理想高于一切的坚定信念；面对分歧，永远听党话跟党走；面对战场，有着一种不怕苦不怕死的战斗精神；不管何时何地，都秉着全心全意为人民服务的根本宗旨。（三、四两节简述主要人物的经历，引导读者关注革命领袖的精神世界。）

时至今日，红色依然没有褪色，它孕育出永放光芒的抗洪抢险精神、抗震救灾精神、北京奥运精神、载人航天精神，鼓舞着一代又一代的人们，为了中华民族的伟大复兴而坚强自立、坚持梦想、勇往直前。传承红色基因的人在我们的生活中愈来愈多，愈来愈亮。

这个暑期，浙江迎来了台风“黑格比”，虽然海宁受影响不大，但温州等地区雨水骤降，淹没了马路，雨点犹如枪弹击打在地面上，溅起片片水花。一些地方的洪水势头不减。就在准备结婚休假的前一天，身为军人的杨雷召突然接到抗洪抢险的任务。面对终身大事和使命责任，他毫不犹豫地选择了后者，主动请缨，要去抗洪一线。“我是一名军人，更是一名党员，人们需要我，婚礼可以推迟，但是抗洪抢险分秒必争！”这一句铿锵有力的话语深深地印在我的脑海中，为这名红色军人点赞！（联系现实生活，用事实阐述红色没有褪色，而且传承红色基因的人在生活中愈来愈多。）

最近，村里正在为11月份进行的人口普查召集志愿者，这项任务不难，但很辛苦，前期需要培训，后期要早出晚归，奔波在社区人们的家中。我的妈妈主动报名参与，她既要上班，休息时还忙碌不停，拍证件照，上村里培训……妈妈说她不怕苦不怕累，只是怕自己的能力不足，学识尚浅而做不好工作。但我相信只要妈妈勤勤恳恳地做，坚持不懈，就一定能够做好这项工作。这不正是红色基因的体现吗？

我们身为青少年，传承红色基因是我们的职责。尽管能力有限，但可以从小事做起。首先去认真阅读各类红色经典，了解红色精神与红色基因的内涵，树立积极正确的价值观，将红色熔铸进自己的思想。学习时，困难、挫折常常打击我们的自信心，我们发泄完后应该重振旗鼓，研究失利之处，化失败为动力，脚踏实地，勇于奋斗。生活中参加比赛或是写作文，注重首创精神，不抄袭，不活在别人的影子里，写出心声与自我，等等。（由昨日说到今日，由他人说到自身，升华对"传承红色基因"的认识与理解。）

时过境迁，而红色基因始终不变，中华儿女继续传承，继续谱写令人赞叹的"中国故事"！

点评

小作者紧紧围绕"不变的红色"，从革命年代领袖的经历说到今日的抗洪抢险，再到人口普查、少年学习，从英雄到常人，从革命到生活，作者将"红色"的内涵沿着历史的时间轴不断延伸拓展。

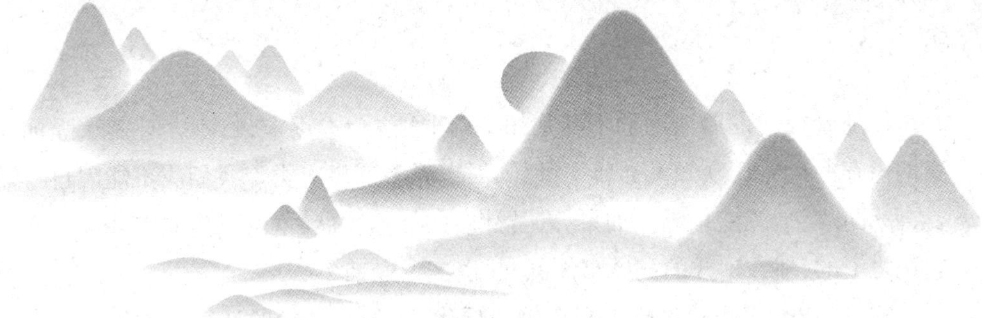

何以为人

——读《寂静的春天》有感

◈学校:海宁市南苑中学 ◈作者:李泽昊 ◈指导老师:陈 洁

君不见,姹紫嫣红开遍,春光无限;君不见,群鸟争鸣,莺歌燕舞,造就最好的春天。而蕾切尔·卡森笔下的春天,却是如此寂静,化学物质毒害之下,生机不再,春意全无。春天,因何而寂静?(文白夹杂,典雅而深刻,引人深思。)

使春天这样寂静的是你我,是自诩为高等动物的人类。我们费尽心血,不断研发新的化学物质,继而迫不及待地将它们投入农业使用。其目的只有一个:杀灭所谓的"害虫"。

但我们可曾想过,何为害虫?何为善恶?确切来说,人类消灭的是"不利于他们"的昆虫,是主观判断下划分出的"敌人"。但我们没有想到,为此,整个环境受到牵连,数以亿计的生物吸收了化学物质,再通过食物链不断积累,不断汇集。最终回到的,却是我们自己体内。

生态学告诉我们,越是位于食物链顶端的生物,其体内通过进食而获取的有害物质便越多。身为高等物种的我们,终究也逃不出这一闭环,终要承担自己所做的一切。那时,不只是春天,整个世界都将归于寂静。

我们往往忽略的是,我们有何权利随意改造世界。只因我们是"高等"的人类?我们为了农业生产成果,不惜破坏自然环境,却没有多少人记得,人类本就是这世界的一部分。人类凭着对环境的漠视与自身极度的傲慢,对自然界中的生灵肆意妄为。如果一直这样,那么人类的未来,将走向何方?(一连串的发问,对人类"随意改造"世界的合法性发出强有力的质疑。)

这些问题,我们不是无法回答,而是拒绝回答,我们沉浸于改变环境所带来的升平假象,而逃避现实的危机。若欲求人类之前路,必先自问何以为人。

伴随着社会发展速度的不断加快，我们往往舍本逐末，将不合理需求强加于我们生存的世界。须知人类属于世界，而世界不属于人类。我们决不能因自身需要，而无止境地改变世界。如果，人类社会的加速发展，其实是建立在环境的不断恶化之上的，那么这样的发展毫无意义，也毫无未来。

寂静的春天，其实早已不是个例。近代，人类对核能的开发可谓飞速。但当这一巨大的能量沦为人类的玩物时，试问，又带来了什么？是广岛与长崎的一片焦土，是切尔诺贝利万年不可进入的鬼域。（有分量的论据直指人类挑衅自然的恶果。）这世界早已用太多的事例，一遍又一遍地告诉我们：人类不是世界的主宰者，更不应主宰世界。我们应寻求的，是人类与世界的和谐共处，是“何以为人”的明确回答。

《寂静的春天》，让我们清晰地看到人性之恶。人类可以死守一分傲慢，以为自己最是高贵，有着随心所欲改变一切的权利；可以明知最后殃及的终是自己，还是不惜一切毁灭家园。（“死守”“随心所欲”“殃及”，小作者用词张力十足。）

其实，每一次随意喷洒杀虫剂，就像一场澳大利亚的山火，一片非洲的蝗灾，一次席卷全球的疫情。在人类的傲慢之下，这些灾害并无本质区别。何以为人，这或许是人类最该反思的问题。

《寂静的春天》其实已告诉我们解决问题的方案。书的最后一章中，为我们指出了唯一的道路，那就是生物防治。如采取昆虫绝育技术，以抗代谢物与染色体药物使昆虫绝育，不仅能大大提高防治成果，也能将对环境的危害降到最低。

可令人深思的是，几乎无人重视这一条新兴之路，只因它完全超出了人类传统的认知范围。由此可见，能够保有对待一切事物的客观与冷静，勇于突破自己的认知范围，心怀大局和未来，这样的特质有多难得。这是如今的我们缺失的，却也正是人类相对于其他生物的优势，这正是“何以为人”的最终回答。可笑的是，又有多少人敢于放下傲慢与成见，接受这一事实？

“起初，没有人在意这一场灾难，这不过是一场山火，一次旱灾，一个物种的灭绝，一座城市的消失，直到这场灾难和每一个人息息相关。”现在，这场灾难已经与我们息息相关，却少有人注意到，春天，正不断寂静。

或许，当我们每个人都能认清何以为人之日，便是百花重开之时。

点评

小作者字里行间满是对人与自然和谐相处的"呐喊"。小作者越过只顾眼前利益的人心山峰，跋涉肆虐环境的人性险滩，提醒人们面对"寂静的春天"的方法——生物防治。相信这呼声会被听到，被践行。

书海采珍

死抓住语言文字不放，那就成为死读书了。死读书的人就是书呆子。语言文字是帮助了解书的意思的拐棍。既然知道了那个意思以后，最好扔了拐棍。这就是古人所说的"得意忘言"。在人与人的关系中，过河拆桥是不道德的事。但是，在读书中，就要过河拆桥。

——冯友兰

心中的太阳

——读《外婆的道歉信》有感

◈学校:平湖市稚川实验中学 ◈作者:胡柯妍 ◈指导老师:夏 平

外婆说,要大笑,要做梦,要与众不同。人生是一场伟大的冒险。

——题记

当你在大街上散步时,兴许会碰见一位有些“非主流”的老人。她笑着点燃了烟,笑着讲述密阿玛斯王国,笑着看向了你。她是这个故事里的超级英雄,是故事里最美的一笔。(开头就用“最美”将外婆人格基调定位,“非主流”“超级英雄”等字眼又令人对外婆的奇妙形象充满期待。)

爱莎有个古怪又疯狂的外婆,会赤身裸体用彩弹枪射击推销员,会在半夜从医院溜出并翻进动物园,会神秘地讲述六个王国的奇特故事……外婆是个天才,可在世人眼里她就像一个怪人,言行举止与众不同,甚至可以说是带着疯癫。爱莎七岁时,外婆患上了癌症。临终前,她交给爱莎几封信,让她传递给自己的邻居。在一趟又一趟的送信之旅中,爱莎逐渐了解了邻居和外婆的故事,领悟到了很多。(一串令人瞠目结舌的表现引出主角,悬念满满。)

或许是书中外婆的笑容打动了我,我不时地跟着爽朗地大笑。外婆的笑,有拿到打火机点烟后的得意,有讨论密阿玛斯时的神秘……岁月在这位年近八旬的老人身上留下了痕迹,却并未夺走人天生拥有的童真和快乐。不难想象,当她笑起来时,额头上浅浅的沟壑被一道道挤起,眉梢扬起,眼里溢满了爱意,如阳光般明媚,如春风般温暖,笑靥仿佛能够托起整个世界。准确来说,外婆会在任何时候笑。外婆还爱讲童话故事,当那熠熠的光晕剪出瘦小的侧影时,无数奇妙的故事如泉水般源源不断地涌出。她打造了无眠大陆,倾注了全部的心血,将快乐传递给自己心爱的外孙女；她愿意用笑容面对这个七岁的孩子，即使病魔缠身，即使与世界为敌。对于生活，她倾注了她全部的爱，一言一行无不在诉说着乐观与积极；自由与不羁，在她身上体现得淋漓尽致。（戏谑味十足的语言，满满的都是外婆的生活情趣，既苦涩又甜蜜。）

生命只有一次，我们无法选择自己的出身，也无法完全掌控自己的命运，但我们可以选择用微笑面对挫折，如花儿般努力绽放。如果把挫折看作一个又一个无尽的深渊，那么人生必将忧郁而低落；但如果把挫折看作一支又一支画笔，每一次的坎坷都为人生涂抹上富有色彩的一笔，那么人生将会变得充满喜悦和美好。外婆的“疯”，看似是一种格格不入，实则也是一种人生态度，是对不如意的接纳，是对生活中偶尔的小确幸的享受和期盼，而笑容和童话正是她强大力量的载体。这种乐观也传递给了爱莎，让她在外婆不在的日子里茁壮成长。（将外婆“疯”的种种细节剥开，真实而又美好。）

合上书，我似乎轻松了很多。人生本来就是一场伟大的梦，不管是大笑还是与众不同，都源于内心最初的那份天真与乐观。望着封面，我已经知道未来的路该怎样走下去……

点评

这部作品中的外婆，让我想起了高尔基《童年》中的外婆，不同的是，这个外婆慈爱温暖之余，还有难得的任性可爱。如何化解挫折是一道永恒的难题，而小作者非常幸运地结识了爱莎的外婆，于是透过文字，与爱莎一起微笑，一起成长。

人生不过一道绚烂花路

——读《我与地坛》有感

◈学校:平湖市新埭中学 ◈作者:钟慧如 ◈指导老师:张美芳

缺陷不足以成为放弃的理由,只有战胜自己的人,才配得到上天的赞赏。

——题记

(用题记的方式拉开读后感的序幕,兼有新意与深度。)

史铁生,一位在中国文学界被先锋派作者奉为精神领袖的作家。但这样一位才华横溢的作家,也没有躲过命运的摧残。他于1972年意外双腿残疾,后来又因为急性肾损伤不得不回家休养,就在这段艰难的日子里,他写下了《我与地坛》这篇文章。

在初一的语文学习中,我们曾接触过史铁生的随笔《秋天的怀念》。文章中的他因自己双腿残疾而感到焦躁,认为自己是不幸的,觉得生活是不平等的。而他在写下《我与地坛》这篇文章时,他已经看淡了、释然了。

他每日与地坛相依相伴,仿佛母亲走后,地坛成了他唯一的依靠,唯一的倾诉者。他每日在那儿关注着来来往往的人们,每日都在思考着。值得怀疑的是,假如史铁生没有失去双腿,他还会去揣摩母亲那些不曾说出口的心思,感受到母亲对他那无私深沉的爱吗?还会关注到那些唱歌的、跑步的青年人和那对变为老夫老妻的中年夫妇吗?还会写下如此富有人生哲理的著作吗?我想,也许不会。

"只有经过地狱般的磨练,才能练就创造天堂的力量;只有流过血的手指,才能弹出世间的绝唱!"史铁生就是这样一位历经磨难的强者。

"职业是生病,业余是写作。"这是他的自述,从他风趣幽默的话语中,似乎听不出任何对于人生的抱怨，反而充满了对当下生活的满足。但这满足来自哪儿呢？在他的另一部作品里我得到了答案："生病也是生活体验之一种，甚或算得一项别开生面的游历。"也许就是因为怀有这样的想法，他在与疾病抗争的同时坚持写作。

史铁生虽然败给了疾病，但他赢得了人生！这样的人还有很多：海伦·凯勒，她失去了听觉和视觉，但终还是发愤图强考入了哈佛大学；举世闻名的霍金，也是全身瘫痪，只有三根手指能动……回过头来看身体健康的我们，有几个人真的懂得人生真谛呢？又有几个人在面对困境时能如此冷静呢？你是否问过自己，问自己为什么而活，问自己将来想要做什么，想成为什么样的人。无数身体残疾的人都在努力地活着，创造自己的价值，那我们又怎么能无所事事呢？我们又怎么能抱怨生活的不公平呢？（对自己、对所有人发问，每一个人都应该做一道关于"人生价值几何"的自述题。）

人生就是如此，正因为崎岖才多了几分韵味，才显得丰富多彩。平坦之路必然快捷，却无法与崎岖之路的丰富相比。人生之崎岖往往包含着智慧和成熟。

路，凡走过，必留下痕迹。人生中，没有任何过程是浪费的，包括所有艰辛、泪水与心酸，每一笔都会增加你未来成功的光彩！正如罗曼·罗兰所说的：累累的创伤，就是生命给你的最好的东西，因为在每个创伤上面都标志着前进的一步。（小作者引用名人之语，将磨难与收获之间的隔阂打通，可谓高明。）

每个人的一生都不可能是风平浪静的，但不管身处怎样的绝境，我们都要坚信，只要你不放弃希望，那么希望也不会放弃你。

青春年少，风华正茂，我们作为新世纪的青年更应该规划好自己的人生，直面生活中的挑战，自立自强，披荆斩棘，勇往直前！

没有不可治愈的伤痛，没有不可结束的沉沦，所有一切失去的东西终将会以另一种方式归来，只需你耐心等待。

——尾记

点评

小作者将生命的呈现形式缩小，将生命的价值放大，将生命历程中的"累累挫折”以别样美好的面貌呈现，变成了人的警示钟，变成了人的强心剂，变成了披荆斩棘的武器，变成了自我历练的法宝。

书海采珍

读书要有中心，有中心才易有系统组织。比如看史书，假定注意的中心是教育与政治的关系，则全书中所有关于这问题的史实都被这中心联系起来，自成一个系统。以后读其它书籍如经子专集之类，自然也常遇着关于政教关系的事实与理论，它们也自然归到从前看史书时所形成的那个系统了。

——朱光潜

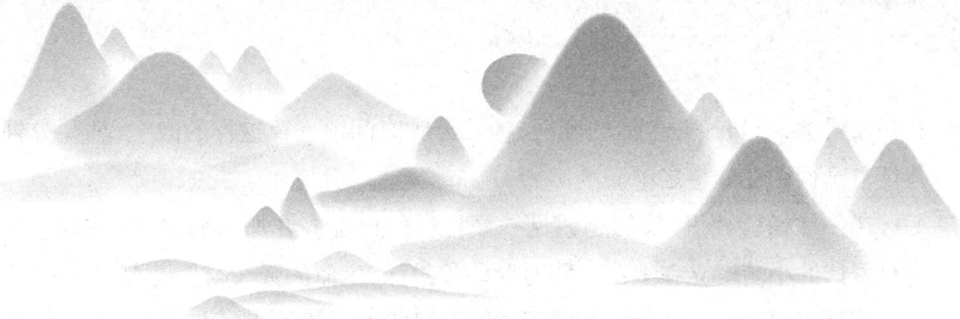

浪漫独有

——读《慢慢走，慢慢爱》有感

◈学校：桐乡市崇德初级中学 ◈作者：钱佳萌 ◈指导老师：金霄敏

“慢慢走，慢慢爱，让有限的生命活出绵长的滋味。”

繁杂的事情越来越多，生活越过越快的时候，我就越发喜欢在独处时翻看一些诗词散文。它们纯净浪漫，正如走进一阵徐徐缓缓的春风，枝丫映入溪水，跟着薄云远去流浪。

闲暇时间翻开丁立梅的散文集，在初春有幸同她一起寻春。

开始会想，春天草长莺飞，桃红柳绿随处都见得着，哪还用寻？但赏到的满园春色，我总觉得少了些情趣。所幸这次跟对了人。丁立梅老师说，生活更多的意趣和美，是在那幽微细小里面，是在偶遇和意外中。

她带着我在野地里寻得一把野生的鲜美。(“一把野生的鲜美”，妙极了的量词！唾手可得的野趣盎然流溢心间。)又去草丛中见证一只小瓢虫的追求和眷念，看着它带着春天的色彩，看着它欢天喜地地朝着未来走去。接着来到樱花树前，她让我叹完眼前粉色飘飞后，不要忘了蹲下身子，倾听落花之下泥土中的呼唤。那是一丛毫不起眼的淡蓝色婆婆纳，它们默默无闻，精致婉约。蚂蚁用它盛放食物。生活会因此变优雅吧，我不禁在此流连许久。

笔墨无法将这样的旅行描绘完整，那是一个人悄悄与地球约会的独有浪漫，是蹲下身抬首恰好落英入眸的意外，是转过巷子与新生青苔的偶遇，是黄昏时刻目睹飞鸟离去，叶片霎时间装点上金箔的震撼；是只有在一阵风吹下春花，将它轻轻别在你耳后，红着脸对你说“江南无所有，聊赠一枝春”时才能懂的浪漫。(这份笔墨的韵味，绝对方文山同款文笔无疑了！)

我是彻头彻尾赞美慢节奏生活的人，热爱和大自然中的美好细节相处。如果实在没机会，不妨挣开生活的麻绳，抽几分钟时间读一篇这样的散文，抽几分钟时间任自己徜徉在梦想之中。

在一片杨树林里，我们还遇见一截枯朽的树桩。在那枯朽之中，一粒嫩芽像一只羞怯的小蜻蜓立在上头。我对此印象最深，生命的强大与美丽莫过于此。

若是多记些小小生命的顽强不屈，多记些大自然的奇妙与放松，在心情不佳感到寒冷沮丧时回想起来，该是何等的温暖治愈。

但，现在许多人的生活都很浮躁。出去旅游，朋友聚会，家庭聚餐，第一件事情就是拍照发朋友圈，配上一段文案，接着开始专注并回复每条评论，乐此不疲。照相是记录美好瞬间的，朋友圈是分享生活中的小确幸的，但好像逐渐失去了本来意义。到了第二天回忆起来，脑海里除了亮着的手机屏幕和几张缺乏灵气与温度的照片，再无其他，于是生命少了些珍藏。（浮躁与清新的对比，灵动与刻意的对峙，慢节奏生活不是朋友圈的美照能表述出来的。）

出去散步的目的不是告诉别人，而是为了去街角拐口，偶遇桂花的清香。（作者的笔墨轻轻一点，散步的真谛就被诗意地诠释，身未动，心已远。）

不要在无限的奔波与竞争中迷失自己。生命所谓的真谛，都是在慢慢中获得的。

慢慢走，寻找繁华熙攘中的宁静，感受无处不在的微小生命；慢慢爱，体会你的独有浪漫。

点评

或灵动，或嗔怪，或赞美，或感慨……作者之所以能体会“慢生活”之曼妙，因其本身就有着细腻而有趣的可爱灵魂，浪漫而灵动的情感触角，丰富而立体的生命体验。

变亦不变

——读《艾青诗选》有感

◈学校：嘉兴一中实验学校 ◈作者：杜森垚 ◈指导老师：陶丽娜

群星已经隐退，而你依旧站在那里，不变的是变化本身。

——题记

缓缓合上，轻轻放下，《艾青诗选》已细细捧读完结，虽处寒冬，心中却很温暖。（“寒冬”点明阅读时间，“温暖”传达阅读感受，两个词比照鲜明，虚实结合，效果颇佳。）艾青的诗就像冬日里的一缕阳光，照在中国的大地上，瞬间刺透了寒冷，带来温暖与希冀。回望艾青的诗歌创作，两个高峰清晰可见，一个是在20世纪30年代，另一个则是在1978年以后。

艾青通过《大堰河——我的保姆》一举成名，该诗抒发了他对抚养他的保姆——大堰河深深的挚爱和无尽的怀念。诗人自由的诗风得到了完美的体现，长短错落的诗行，不求整齐划一的诗节，让艾青的诗如同一把利刃，在那个时代的诗坛划开了一道口子。（诗如利刃，这一比喻形象地表现了艾青诗歌对于诗坛、对于国家，甚至对于一个时代影响巨大。）这一时期，艾青诗歌中的主要意象是“土地”和“太阳”，给予人们光明，传达出他极为深厚的爱国之情，真切可感，充满张力。

1978年以后，改革开放如春风吹满大地，艾青也迎来了他的另一个诗歌创作高峰。历经二十年的沉寂，诗人“王者归来”。但艾青的诗风却发生了很大的变化，诗句变得整齐，诗情变得深沉，诗意变得警策。一首《光的赞歌》更是充满深情，饱含哲理。

每个诗人都有自己的特质，“诗中有画”自然是擅长绘画的艾青的一个主要特点。同样是诗中有画，王维的诗偏向于冷色调，满是清冷，而艾青的诗偏向于暖色调，充满温情，在绚丽的色彩下涌动着不竭的情感洪流，这是艾青诗作不变的风格。（跨越时空的界限，比较了王维诗与艾青诗，明确各自特色的同时又突出艾青诗歌有“温情”的特点，易于众人理解。）

世界总是在变化当中，但变化是表，不变是里。经过二十年，艾青的诗风变了，但歌颂光明的主旋律没有变。艾青的诗已经深入人心，也许观念在不断变化，人们的看法会有所改变，但艾青的诗始终给人们带来光明和希望，始终都是人们不竭奋斗的动力，这就是诗歌的伟大之处。一切都在变化，亘古不变的就是变化本身。

转眼间，时间已经来到21世纪20年代，艾青的诗带着对祖国大地的深沉忧思，穿过岁月的风尘，扑面而来，也必将走向未来。（艾青的诗将“走向未来”，用拟人化的写法生动地表明其诗具有厚重的历史感和长久的生命力。）

点评

艾青一生跌宕起伏，创作颇丰，其诗蕴含着深沉而真挚的爱国情怀。本篇读后感的创作思路清晰，以《大堰河——我的保姆》为例呈现艾青第一个创作高峰期的诗歌特点；再以《光的赞歌》为例，呈现艾青1978年以后的诗作风格；最后强调人们观念在变化，但艾青的诗给人们带来光明和希望这一点是不变的。小作者从纷繁的诗作中撷取两首来介绍艾青诗歌的风格，可谓是明智之举。最后的感悟深刻隽永，富有哲理。

历史，有真实的温度

——读《历史的温度》有感

◆学校：嘉兴一中实验学校 ◆学校：吴昊天 ◆指导老师：陶丽娜

《历史的温度》是“馒头大师”张玮的作品，最初吸引我的是书的封面——磨砂手感带着一丝陈旧气质，淡雅的图文却莫名地让人感受到一种厚重。（*生动细腻地描写了书的封面，预示着即将开启一场美妙而有意义的阅读之旅。*）于是小心翼翼地翻开，渐渐地发现，历史并非只是冷冰冰的年份，历史的背后是一个个活生生的人——是人，就会有喜怒哀乐，就会有酸甜冷暖。

我在历史教材上看某个人物或是某个历史事件的介绍时，常常是浮光掠影式的。我知道，被载入史册的人物或事件，绝非三言两语能说清楚。可是，教科书毕竟篇幅有限，不可能详加描述。正因如此，我觉得《历史的温度》刚巧能弥补教材“粗线条”的不足。读这本书，可以长不少知识，可以让我们看到一个前所未知的“历史世界”。（*概括性地介绍了阅读此书带来的作用——可以补充课外知识，扩大知识面。*）

《历史的温度》从不同的角度向你展示另一个世界，告诉你很多你自以为了解但其实并不了解的历史。1937年，中国发生了一件大事——南京被攻破，政府迁都。放眼写这段历史的作品，十有八九都是批评南京城守军的不力，导致最后“不战而降”。“降”是事实，然而，我们还要去触摸的事实是——仍有10万守军，即使武器落后、编制不全，面对日军2000门以上的火炮，仍一步未退。防守南京的第五天，紫金山一带的日本军队已开始使用毒气弹，守军仍一步未退。中国军队的顽强大大超出了日军的想象。第六天，雨花台阵地连工兵营都冲了上去，双方尸体交叠在一起，鲜血汇成了汩汩小溪。这场战役中，中国守军几乎无一人生还，南京城并没有不战而降。

了解了那段历史，我才明白即便是雨打风吹的结局，在其背后，我们仍可以寻找到动人的故事、热血和真性情。这段特殊的历史将被人们永远记住，因为它具有真实的温度。

很多历史事件会因为这样那样的原因被遗忘，《历史的温度》会提醒你记得。讲到台儿庄战役，也许我们的脑海里蹦出的词就是——台儿庄大捷。这五个字读起来很轻松，然而文字之下是炼狱般的尸山血海。“活着”是人的本能。是什么让战士们勇往直前，绝不退缩？坚定执着的背后乃是朴素而又崇高的爱国情怀。历史的车轮滚滚向前，我们将铭记英雄们的勇敢无畏，他们的豪情壮志赋予了历史温度。（一句话揭示了历史具有温度的原因，“铭记”“赋予”二词极富感情色彩，是对作品思想内核的高度概括。）

历史是面镜子，它照过去，照现在，也照将来。

回望过去几年，发生的事情实在太多了，英国脱欧，非洲蝗灾，亚马孙大火……最引人关注的或许还是新冠肺炎疫情。网上有不少人责骂那些吃野味的人，问责没有严格执行法律法规的官员，问责监管力度不够的管理员……我们的国家确实还存在一些不足，确实需要深刻地反思。然而，在疫情发生后，八十四岁高龄的钟南山院士在第一时间亲自奔赴抗疫第一线，中国工程院院士李兰娟奶奶驰援武汉日夜不停地指导工作，江西赣州一名怀孕九个月的护士依然每天坚守在自己的岗位上……他们都是中国的脊梁，中国人是有自信力的！某一天，当新冠肺炎成为历史的时候，也许我们更多记住的是抗疫行动中的那些最美逆行者，他们拥有魄力和信念、理想与梦想，使历史具有了真实的温度。

《历史的温度》共四册，叠在一起，厚厚的一摞，从最初的望而生畏到最后的感动不舍，我想我透过这些特殊的历史角度，读到了正义、温暖与力量。（阅读感受从“望而生畏”到“感动不舍”，应当是经历了从感性到理性再回归到感性的过程，这正是阅读的魅力。）如果有时间，我还会选择在寂静的夜晚慢慢咀嚼、细细品味，有温度的历史值得被反复吟唱。

点评

《历史的温度》共四册，选取什么角度、哪些内容来写阅读感悟，确实不是容易的事。本文由三个层面组成——“从不同的角度向你展示另一个世界”“提醒你记得""照过去，照现在，也照将来"，这三个关键句既指向历史本身的特质，又是这套书的创作目的，小作者围绕这三个方面一一举例，并透过特殊的历史视角感知到正义、温暖和力量。感悟"从浅层到深层，从无知到有知，从畏惧到不舍"，这是阅读最美好的样子。

书海采珍

有一种书会令人产生幻觉：你会以为这本书其实是自己写的。因为它谈的课题，恰巧是你最想谈的；它走进那个课题的取径，恰巧也是你自然而然会选上的那条路；甚至它的语气，它的说话方式，也和你内在的声音一致，恍如己出。

——梁文道

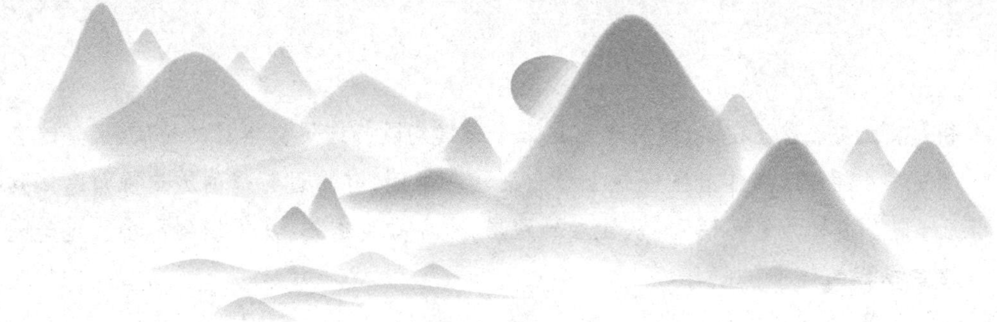

星　夜

——读《基督山伯爵》有感

◈学校：桐乡六中教育集团实验中学　◈作者：关新宇　◈指导老师：周彩红

夜总让人幻想，时而阴云雾天，时而万里澄澈，时而幽邃神秘，时而星光璀璨。夜的寂凉，夜的孤静，触天使白翼。

唐泰斯在惊涛中流浪，坚韧的心中倾诉道道惊雷，他说，从前“埃及王”号大副叫作爱德蒙·唐泰斯；他说，从前唐格拉和费尔南狼狈为奸，污蔑好人；他说自己的未婚妻梅塞苔丝已躺在仇敌怀中；他又说，曾有一位长老待他如慈父；他还说，复仇的烈焰，将灼尽罪恶的心灵。

权力与金钱

一切的罪恶都源于两样东西——权和钱。若不是觊觎船长的权力，唐格拉又怎会写下举报信，污蔑船上的水手？若不是贪图更大的政权，法官维尔福又怎会颠倒黑白？若不是因为渴望遗产，维尔福夫人又怎会如此歹毒地毒死四人？若不是渴求金钱，唐格拉夫人又怎会窃取丈夫的财产？（一个个小说情节，将书中人物的生活状态和心理丑态披露无遗。）

杀人、污蔑、谎言……多少惨绝人寰的行径因贪恋权力和金钱而产生。

但掌握权力本是为更好地治理国家，聚集金钱本是为更好地富国安民，只是在龌龊小人手中，权力和金钱腐化变质，因为在那污秽的心里，布满了贪婪。

固然，贪是人之本性，埋藏在黑暗心底，唯有让太阳笼罩，才能长久抑制。

你说，山水诗鼻祖谢灵运是否真的就不念于财？那是不可能的，他终究不是神仙，他要吃，要喝，要住，要像普通人一样驰驾车马。迫于生计，他需要钱，他为官府做事，为皇帝效力，为自己获得一份吃穿用度。不过，游历山水又能花费多少？他只需有份粗粮，有身布衣，有匹快马，就可游历于山水，赋诗作文。山水不是商贩，从不讨要金钱。

至于权力，请你想象：一个人步于茫茫山脊，渡过浩浩长河，行在浩瀚天宇，万事万物都像蝼蚁般渺小。在人类诞生之地，在神灵出没之处，莫说权力，就连生命本身都不值一提，又何来什么诱惑？灵运融于山水，化至天际，但肚脐上留有一份泥土尘香和铜钱清声。

权力和金钱是无罪的，只有难以抑制的贪婪才是最终的龌龊污秽。（作者借中国古代山水诗人之例，直面问题所在——难以抑制的贪婪才是污秽的根源。）

复仇与放下

唐泰斯被捕下狱，狱友法利亚长老授其知识，传其希望，予以重金，助其出逃。他终于重获自由，携着深沉的愤怒、复仇的资本，进入巴黎社交圈六个月，寻到仇人。费尔南绝望自杀，唐格拉破产白发，维尔福疯癫终日。

和蔼的父亲得以瞑目了。我想这是唐泰斯复仇后的抚慰。父亲给予他生命，用慈爱关怀他，让他不曾失去希望。而现在，父亲应在耶稣的怀中安睡。

是否只有这残酷的报仇才能慰藉死者呢？我始终思考，仇恨和杀戮会染红人的双瞳，令暴戾席卷。即使压缩至极致的恨让唐泰斯表面冷静，但冰冷、阴沉刻进了骨里。复仇时，他失去了爱。人与人之间的关系，对他而言只是利益的加减，他自己也不过是僵硬的机器。但仇消后，海阔天空，他重新拾起了自己的爱，与埃黛甜蜜相携，将亿万财富相赠。那时的他才真正富有温度。

那何不放下仇恨？这不仅是圣贤的做法，也同样适用于凡人。去旅行吧，去恋爱吧，让天际的山水温润入心，让澎湃的爱情带来阳光，你理应拥有。（用理性而诗意的笔法阐释如何做一个“放下仇恨”的、更温暖的人。）至于那份怨，那份恨，就让上天来处理吧，巴黎的污秽应由它自己涤尽。卑劣的小人，自有恶人来磨。道法自然，神罚终会落下，只不过时间早晚。

青草为席，百花为衣，天地作家，卧山顶，仰天，自看星光璀璨。

《基督山伯爵》末尾写道：“人类的智慧可概括为以下几个字：等待和希望。”用守候等待安详，用前行追寻光明，我们都是星夜的孩子，会浪漫地看海上日出。（结尾处，小作者笃定而昂扬地抛出自己的誓言，呼吁我们冲出黑暗，寻找心中的那束光。)

点评

作者的两个小标题,富有戏剧色彩,作者的大标题"星夜",更是用意颇深。生而为人,如何在社会的泥淖中活得有温度?特定年代,颠倒的价值观如何重回正轨?字里行间,小作者给出了富有张力的思考答案。

书海采珍

那个没有养成读书习惯的人,以时间和空间而言,是受着他眼前的世界所禁锢的。可是当他拿起一本书的时候,他立刻走进一个不同的世界;如果那本书是一本好书,他便立刻接触到世界上一个最健谈的人,这个谈话者引导他前进。不但如此,读者往往被书籍带进一个思想和反省的境界里去。

——林语堂

不悔过往，不负热爱

——读《红岩》有感

◈学校：嘉兴市塘汇实验学校 ◈作者：张一嘉 ◈指导老师：李辉芹

“她的脚步不断踏进泥泞，一路上激起的水花、泥浆，溅满了鞋袜，她却一点也不知道。这时，她正全力控制着满怀悲愤，要把永世难忘的痛苦，深深埋进心底。”一袭蓝色的旗袍，一个瘦小的身影，撑起了一片军心。她——江雪琴，用血与肉，谱写了自己的传奇篇章。《红岩》与她的名字，一起流进了我的心底……（“血与肉”“传奇”两词开门见山，直接抒情，直奔主题。）

最让我记忆犹新的篇章，便是描写渣滓洞的酷刑。面对未知的考验，江姐不曾慌乱，从容淡定地走入刑房。老虎凳折断了她的腿，十指连心的痛苦在全身蔓延。她为了保守党的秘密，咬破下唇，倒在血泊之中，也没有透露一丝信息。我的鼻头猛地酸了，不安、心疼席卷心头。她似一个血人被拖了出来，红樱满地，全狱的人都落下了泪……（选取了江姐最具感染力的片段，一下子揪住读者的心。）

在渣滓洞被毁的前夕，丧心病狂的徐鹏飞杀害了许云峰、江雪琴等人。我早就猜到江姐的结局，可真正看到了那一刻，泪水还是止不住地流下来，她亲眼看到丈夫的头颅悬挂高墙，她亲眼看着同伴被子弹穿透心脏，她看到了最不美好的一切，可她却看不到全民解放，阖家欢乐……

我在心中默默地为江姐感到不甘，付出了那么多，结局却如此悲惨……

我静静地在阳台吹着晚风，心中也为自己的一件事苦恼：步入中学的我学习日程更加紧张，羽毛球训练的强度也越来越高。每次一放学便奔向训练馆，两个小时后拖着疲惫的身躯回到家，完成作业后便早早睡觉。周而复始，我有些烦躁，忽地萌生出一个念头：放弃羽毛球。我大吃一惊，马上便否决了这个想法。

可这念头如野草般疯狂生长，我徘徊了很久，有点想哭，不是没想过坚持，可最后还是决定放弃了。不值得吧,每天训练很累,最后我也不会在羽毛球方面有所成就……

那日放学,我没有再去训练馆。明明已经做好了决定,心却有点揪着,一丝喘不过气来的感觉。

独自走在回家的路上,踢着路边的石子,心里空荡荡的……我又想起了江姐,那个问题又在我脑海浮现:付出了那么多,最后却是悲惨的结局,值得吗?如果江姐带着记忆再走一遍她的人生,她还会选择加入共产党吗?

会!

我也不知道为什么自己会这么肯定,心中有什么东西隐隐要破土而出。细细回想江姐所说过的话、所做过的事,一个结论了然心中。

“如果需要为共产主义的理想而牺牲,我们每一个人,都应该,也可以做到脸不变色,心不跳。”

江姐热爱共产党,热爱和平,热爱这世间美好的一切。渣滓洞的大火烧尽了世间的污秽,也洗涤了烈士们坚贞的灵魂。不问值不值得,只道不悔过往,不负热爱。(由江姐的“不负热爱”联系到自己的“不负热爱”。)

这句话如一枚石子落进平静的湖面,在我心中激起层层涟漪。是啊,一句热爱,再多困难又何妨?转身,我还可以回去!不似之前的慌张迷茫,心中已有坚定的方向。夕阳的余晖下,我奋力地向训练馆奔去,似哭似笑,那是我最朴实的想法——只为热爱。(经过人物精神的洗礼,心中的摇摆不定也尘埃落定。)

我气喘吁吁地站在训练馆门口,熟悉的教练与同伴映入眼帘。我抹去泪水,笑着道:“我回来了。”他们与我相视一笑,不问原因。

再次站在阳台,心境却截然不同,明白了自己追求的意义,也明白了江姐为何付出的原因,烈火烧尽了身躯,精神将被继承。他们,于烈火中永生,不悔过往,不负热爱。我亦会怀着江姐的这份热爱,继续走向远方……

点评

小作者采用了双线结构,将江姐的经历与自己的心路历程一起平行推进,从英雄身上汲取前进的力量,反观自己的失意与颓废——生活中的旋涡,是陷阱也是考验,应勇敢闯荡,自信追梦,不悔过往,不负热爱。

不用放大镜看挫折

——读《钢铁是怎样炼成的》有感

◈学校:海宁市硖石中学 ◈作者:徐子雯 ◈指导老师:马亦利

暑假,粗略地翻看了奥斯特洛夫斯基的《钢铁是怎样炼成的》。短短几天,我明白了“保尔不是天生的英雄,在生命的各种磨炼和挫折中,他越挫越勇,战胜了自己,成就了人生”。挫折是生命中不可缺少的风景线,我们难道不应该感谢它吗?没有它,我们怎能如此清楚地认识自己?没有它,我们又如何使自己心灵的田野更肥沃,更茁壮?没有它,我们又怎样逃出心灵的枷锁、生命的牢笼?(层层反问中,不知不觉跟随作者沉浸到了保尔越挫越勇的故事中。)

生活不就是如此吗?当我们跨进中学的大门,一切童稚便抛在了脑后,脚步沉重,离纯真愈来愈远。儿时的弹珠,也因烦琐的思绪,被遗忘在布满灰尘的角落。但是,我们就为背着这沉重的行囊而堕落沉沦,一蹶不振吗?就为那逝去的美好而惆怅惋惜吗?(再现实景体验,打开设问闸门。)

不,至少我不会。如果小草为自己没有树木高大而痛苦不已,那么何来“野火烧不尽,春风吹又生”的壮丽美景?如果水流为前方只剩断崖残壁而停止向前,那么何来“飞流直下三千尺,疑是银河落九天”的磅礴气势?如果诗人因前方山峰险峻陡峭而就此止步,那么又何来“会当凌绝顶,一览众山小”的千古绝唱?只有星星不为自己没有月的光芒而自惭形秽,世上才会有夜晚繁星满天的绝美。(借他山之石,言心中之志。)

“人生最宝贵的东西是生命,生命对于我们只有一次。一个人的生命应当这样度过:当他回首往事的时候,他不因虚度年华而悔恨,也不因碌碌无为而羞愧——这样,在临死的时候,他能够说:‘我整个的生命和全部精力,都已献给世界上最壮丽的事业——为人类的解放而斗争。’”这段激动人心,被千千万万青年人引以为座右铭的文字就出自奥斯特洛夫斯基之手。他用三年的时间强忍病痛，在病榻上写下了《钢铁是怎样炼成的》这一挥舞理想主义旗帜的著作。我们又何尝不能做到淡看挫折呢？如果用放大镜看挫折，那便是放弃了喜悦和成功的权利。初中生活，虽然少了课余的欢声笑语，少了心间的无忧无虑，但是却如多了一杯香茗，闻起来香香的，尝起来苦苦的，回味起来却甜甜的，就好似品尝到了人生。（叠词的运用，使得句子的阐述更为俏丽而有层次，寓意颇深。）

放大挫折，只是自寻烦恼，只会使心灵陷入难以自拔的泥潭。世界上就不会有快乐、成功和幸福。所以，让我们学会在黑暗来临之时，用希望点起一盏明灯，而这希望便是勇敢面对。请相信，这三年，是情操的陶冶，是知识的播种，更是人生的考验。

点评

小作者的题目本身就是一句座右铭，它像一个忠告，在青少年前行的每一步都不可或缺。小作者从现实进入书中寻找光芒，再从书中跋涉而出，享受作品的精髓所在。

给生命以方向

——读《解忧杂货店》有感

◈ 学校:嘉兴市秀洲区洪合镇中学 ◈ 作者:张宇彤 ◈ 指导老师:王慧佳

"我很盼望圣诞老人来,可家里没有烟囱,该怎么办?"

"如果地球变成猴子的星球,该跟谁学猴子话?"

"我好想不用学习也能考一百分,应该怎么做呢?"

这些疑问,在浪矢杂货店里,都能得到答复。起初收到的问题诸如此类,即使幼稚、不正经,店主浪矢雄治都坚持一一认真回答,严肃的咨询渐渐多了起来。不论你有什么烦恼,只要写下来投进卷帘门的信箱,第二天就会在店后的牛奶箱里得到回答。(再现《解忧杂货店》的经典桥段,为读者迅速进入剧情做铺垫。)

女运动员应一心追逐奥运梦想,还是陪伴病入膏肓的男友到生命的最后一刻?鱼店音乐人应继承父亲的鱼店,还是继续为音乐梦想离家漂泊?孤立无援的未婚妈妈应生下孩子,还是绝情地拿掉小生命?少年应与负债累累的父母一起潜逃,还是独自一人奔赴未来?姨婆家遭遇经济危机的女孩应继续白天工作夜里陪酒,还是辞去公司的工作,一心一意地陪酒赚钱?接踵而至的问题从投信口递来。

就在雄治三十三周年的祭日、浪矢杂货店咨询窗口复活的那天的深夜,小偷敦也、翔太、幸平逃入杂货店里躲避,发现了穿越时空而来的信件。隔着落满尘埃的光阴,他们笨拙地写下真诚的回复,投递到时光那头,不知不觉中改变了他人的人生。女运动员参加了训练,也见到了男友的最后一面,因能力所限,她在资格选拔赛中被淘汰,无缘奥运会,却了无遗憾,能够积极面对未来;鱼店音乐人在丸光园的火灾中为救出水原芹的弟弟而全身烧伤致死,他所作的《重生》成为天才女歌手水原芹的成名曲,流传于世……

那些看似毫不相关的人,却都在冥冥之中有着千丝万缕的联系。小说中的每个人物都牵动着彼此，每个故事都前后呼应、环环嵌套，过去与未来终于交会。

最难料之处在于，三人秉持着所谓的正义感入室抢劫的女企业家正是他们帮助过的那个在白天坐班与夜晚陪酒之间挣扎的女孩，令人唏嘘不已。（"唏嘘"两字，用来形容这三个小偷的遭遇真是再精确不过了。）小说的最后，小偷们也收到了来自过去的回信——为试验杂货店是否真能连接过去未来而投递的那一张白纸，竟得到了浪矢爷爷的答复。信里写道："你的地图是一张白纸，所以即使想决定目的地，也不知道路在哪里。可是换个角度来看，正因为是一张白纸，才可以随心所欲地描绘地图。一切全在你自己。对你来说，一切都是自由的，在你面前是无限的可能。"这一夜的解忧，能否改变小偷们的生活轨迹，如雄治所祝愿的那般"无悔地燃烧自己的人生"呢？

我不禁想到自己的未来，是否也如白纸一张？哪一笔浓哪一笔淡，全凭自己的书写与造化。（"哪一笔浓哪一笔淡"强调人之主观能动性何其重要，内因何其重要。）当我们确定了所要追寻的理想之后，往后的道路上，可能会对看不透的命运感到无力，也可能对前途的未知感到迷茫，或许会惧怕，或许会犹豫，甚至会对自己所坚持的东西产生怀疑。此时此刻，我们也许会停下来四处张望，向他人寻求建议，可最终也只不过是为了坚定自己心中所想，然后更加执着地走下去。

转念一想，也许我们也可以成为那个"浪矢爷爷"，帮助他人去找寻，去聆听他们内心深处的那个声音。你的看似微不足道的一句话，也许会成为他人远行路上的动力。（多么善良真挚的体悟，愿每一个"他"都能变成美好的"浪矢爷爷"。）

既然人生是一张白纸，那么唯愿着墨之处尽无悔。当未来的你在人生的某个岔路口面临艰难抉择时，这本书中的文字，也能给予你些微的勇气和力量。

点评

小作者用了较多篇幅重温"女运动员""鱼店音乐人"等人物的经历。看《解忧杂货店》，看得通透——看到了作家在人物身上的良苦用意，也看出了自己的智慧和见解。

黎明踏浪　红星破晓

——读《红星照耀中国》有感

◈学校:嘉兴一中实验经开学校　◈作者:丁宁恺　◈指导老师:殳佳萍

1928年,在美国最出名的城市纽约的一个港口,有一个踌躇满志的青年,惴惴不安地登上了一艘驶向中国的邮轮。为了在中国谋生,他成了一名记者,在偶然采访了蒋介石之后,他越发对中国政府感到失望,与此同时,却对红军以及共产党产生了浓厚兴趣。于是他费尽千辛万苦来到延安——工农红军的根据地。

看过了黄沙、滩涂和老壁,在他归去之后,一部《红星照耀中国》(又名《西行漫记》)“横空出世”。他即是埃德加·斯诺,从无名游子成为20世纪当之无愧的“记者之王”。

刚开始读这本书时,总觉得十分陌生,不在那个“犹记当时烽火里,九死一生如昨”的年代,不能体会到文字之间窑洞之内的红军情谊;而在了解其背景后,仿佛从鸡犬之声到毛泽东主席在榆荫下头与村民的聊天都能听见,一切都其乐融融,谁又能想到这是一位被悬赏二十五万银圆的“赤匪”呢?

毛主席说过,“星星之火,可以燎原”。《红星照耀中国》一经出版,立即轰动全国,就算是身处当代的我也能意会其所带来的希望,是的,共产主义的信仰已经如同野火一般燃烧了起来。延安正将革命发展到高潮,证明一个崭新的中国已“到中流击水,浪遏飞舟”。(*时不时地引用毛泽东的词句,来描述自己的情绪,既诗意又精到。*)

我在体味人物形象时总是十分有感触,从“谁敢横刀立马”的彭德怀大将军到一名小小排长小向,他们洋溢着令人开怀一笑的温暖。(*斯诺对红军领袖及战士形象的把握带有独特的个人情感倾向,小作者很敏锐地捕捉到了这份情绪。*)他们在斯诺的笔下就如同井冈山根据地的那盏油灯般在漫漫长夜的无尽黑暗中熠熠生辉。（“油灯”一词，令人浮想联翩——艰难依然苦熬，微弱依然坚贞，用以比喻革命的历程十分精准。）这就是红军的形象，在这黄土高原，“天高云淡”。

纵使数十载流去，红星依旧不老。中国已从积贫积弱，迈入了意气风发的盛年，还记得红军万里长征的艰难，还记得“可上九天揽月”的豪情。1970年，埃德加·斯诺已从一个玉树临风的年轻人走向了垂垂老矣，天安门城楼上，阅兵大典，他在那里，“踏遍青山人未老，风景这边独好”，俯瞰这人潮滚滚，旌旗辉煌，历经辗转浮沉，中国雄立。

2021年，中国共产党成立一百周年，当年那个绿水逶迤、芳草长堤的南湖中，有一叶小舟，纵水推篙，这就是漂泊了一个世纪的“红船”，那个当年宣告中国共产党成立的地方。

红，光也；船，本也！

这一百年来，有鲁迅等仁人志士，对着那黑暗的夜幕呐喊；有毛泽东在天安门城楼上庄言宣告新中国的成立。这期间，也有香港的紫荆花与澳门的白莲花又重新遍布了中国的原野，有2008年奥运五环的冉冉升起，有2011年的“天宫一号”发射成功，以及许许多多历历在目的往事，就如同一颗颗红星破晓，挂在我们心中。想想这个百年吧，它记录了中国从“山重水复”到“柳暗花明”一步一个脚印的历程，如同原子弹爆炸时闪现的一抹绚丽的火烧云，漫到了天边。（小作者精到地描摹出了中国的百年历程，感染力极强。）

在此，预祝中华人民共和国、中国共产党在未来再创辉煌。

点评

作者善用四字短语，善引诗词，行文洒脱老练，豪情十足，一如题目中的“踏浪”“破晓”一般憧憬满满。

救赎,那时,云破日出

——读《那年深夏》有感

◈ 学校:嘉兴市秀洲区新塍镇中学 ◈ 作者:斯靖怡 ◈ 指导老师:潘利娟

如果磨难是一场洪灾,那就努力把它过成一种灌溉。(将"磨难"比作"洪灾",然后笔锋一转,将"洪灾"化为"灌溉",这种积极的认知态度是阅读带来的力量。)

或许每个小孩都幻想过遇见一位英雄般的人物。这一愿望,书中的乔伊恰好得到了满足。乔伊从小被父亲抛弃,只能与母亲相依为命。后来搬到了美国布鲁克林,每天过着被欺辱而孤独的日子,他在磨难中遇到了救命稻草——棒球明星查理,为了引起他的注意,乔伊总在信里编造令人啼笑皆非的谎言,而查理则会回信教训他。就这样,一个鬼马活泼深藏自卑的十二岁少年和一个耿直热血重情义的二十岁青年在那个夏天渐渐熟悉,在信里彼此捉弄说笑,拥有了一段相濡以沫的友情。

相差八岁,性格相投,而成就了彼此。(作为本段的领起句,既简要谈及作品内容,又与下文"互相拯救"呼应,结构上很严谨。)查理填补了乔伊残缺的爱,乔伊抚平了查理童年的创伤。对二人如此真挚的友谊,我不由得流露出羡慕之情。大家都有要好的朋友,但为你欣喜,为你流泪,为你骄傲,为你惋惜,陪你被千夫所指,与你荣辱与共,这种胜过寻常的友谊却少之又少。查理战死之前最牵挂的人就是乔伊,他真诚地写信给他,提醒他适时用脑用心,不要放弃了解真正的自己,告诉他,他很了不起,"小子我爱你"。两人似知己,互相拯救。我们很难有幸碰到来拯救人生的英雄,所以我们必须成为自己的英雄,救赎自己。

拯救意味着茕茕踽踽越过满目疮痍的大地,越过苍穹,拥抱属于自己的永远的自由与光明;("茕茕踽踽"表明成为英雄的道路上必定会遭遇孤独、失败,运用叠词使表达更为准确。)拯救意味着在不见光的土地上栽种迎着烈日盛开的花朵,破云而出一束金光照耀在萎蔫的花瓣上,霎时众生仰头;拯救是不管外界如何摧残,勇敢者都能秉着希望,从夹缝中奋力挤出来,包扎好伤口,马不停蹄地向前冲。

初三是痛并快乐着的,是容易让人颓废的。在你滑动笔尖,墨水浸透纸张时,有人猛摔课本,从此不再学习,亦有人暴躁地与家长对峙,不听规劝,在歪道上渐行渐远。他们的前程又有谁来拯救?他们又该何去何从?

他们大可以抽烟喝酒,过着醉生梦死无所事事的生活。但是,难道他们真的甘居人后?每个人都不想成为阴沟里的失败者,每个人都不属于黑暗。你好好看看不像样的自己,然后紧拽衣领,用力把自己拖出深渊。要有身在无间心在桃源的意志,你必须拯救自己,拼了命地向桃源奔去,哪怕头破血流,永远热情向上。在没有硝烟的战场,少年披着韶光,执笔为剑,不曾为谁折腰,挺了挺脊梁骨,咬牙握拳,意气风发道:“青霄有路终须到,金榜无名誓不归!”

只要站在高处,谁都看得见绵绵壮阔河山,可是身在山中,谁又能在云雾深处找到自己身在何方。如果某一秒,你不知道自己在哪,那么其实你在哪里都是一样的。这时,你就要过好这一秒,不要胡乱猜忌。但如果某一秒,你知道自己在一颗坏种子里,就不要欺骗自己,从这一秒开始,想方设法逃出去。(虽然是假设句,但其中蕴含的道理却很明确——每个人都应以积极的态度直面问题。)

或许你会遇到拯救你的英雄,同查理和乔伊一样。

或许我的感想激励了孤身一人的你—— 一定要让自己成为有人记住的人。

无论如何,愿你在冷铁卷刃前,得以窥见天光。

点评

《那年深夏》是描写友谊最真挚、最深沉的经典小说之一,深受中学生的喜爱。本文从友谊、成长两个角度作为切入点,分别阐述友情的可贵和成长过程中需要认定目标、拥有积极的态度,作品的思想意义已经深入小作者的内心,因此带来的不仅是故事内容的感知,更是心灵的鼓励。文末一句"愿你在冷铁卷刃前,得以窥见天光"足以慰藉受挫的人。语言表达颇有个性,时而像长者谆谆教诲,时而像跟老友交谈,让人倍感温馨、亲切。

每个生命都值得被善待

——读《万物生灵》有感

◈学校：嘉兴市实验初级中学教育集团 ◈作者：马铭阳 ◈指导老师：叶凤玲

“害怕都是由于伤害所致，无论是人与动物，还是人与人。”信任是建立起来的，痛苦是伤害带来的。

这种褐色的、带斑点的、尖嘴乌黑的小鸟生活在城里，娇小，怕人，一有风声，就叽叽喳喳叫个不停，这是麻雀。它似乎什么都怕，它生下来就是躲避人的。（简笔描摹，笔触虽然简约，但字里行间流露出“它”与“人”的对立，为全文定下基调。）

它不是圈养的宠物，得终日担心食物和住处；不是翱翔的雄鹰，只能在一方小天地中扑腾。它只能到处奔波，偷苞米，啄细食。被人拴住，便会拼了命地扑腾，挣扎到死。它无法被驯服。误闯屋子的下场，就是人锁紧门窗，“上穷碧落下黄泉”也要抓到它，很少有人选择打开门窗。它永远无法相信人类。（连续多个“它”生活画面的截取，小心翼翼中充满同情与关注。）

读到此处，内心的悔恨正一点一点被挖掘。曾有一只麻雀飞到我家，我做了一件很“平常”的事，毫不犹豫地关上了窗。它慌张急了，犹如一只无头苍蝇，不停地撞墙壁，玻璃跟着嗡嗡作响。我猜到了它的想法，它想出去，它想自由，我怎么可能给它自由？它来到我家，就要成为我的玩宠，它用尽力气拍打玻璃，玻璃无动于衷，它摔落在地上。翅膀收不回去了，看得出，骨折了。它终于成为我的俘虏。但它不愿意吃我喂的任何食物，它从来没相信过人类。（作者化身鸟类，用它们的口吻和视角反观人类的冷漠。）

阴霾笼罩天空，雨哗啦地下。它想要自由，我给它自由，我将它放在垫脚才够得到的屋檐下，希望它能撑过这个夜晚。第二天，它已摔在地上，奄奄一息，自始至终没有看我一眼，甚至想用尽最后的力气远离我，可能是本能吧！

万物有灵，即便卑微如一只黑黑的“老家贼”，它也有它的生活原则，有它喜爱的生活方式。人啊，不要自以为是地去打扰、破坏它们的生活，这便是对自然最大的爱。

冯骥才先生的《万物生灵》，是一部与自然最亲近、蕴含深刻意义的散文集。散文集共有四部分，在第一部分“温柔小生灵”中，始终传递着一个信息，人与动物之间也可以和平共处，产生打破物种界限的友谊和积极向上的深厚情感，每个生命都值得被善待。冯骥才善于发现生活中的美，拉近孩子与自然的距离，用最朴实的文字打动人，开掘生活的底蕴，咀嚼人生的滋味。

麻雀若是没人追赶，猫若是没受伤害，它们会害怕人吗？

“人类最早和所有的动物混在一起生活，一同享受着大自然的赐予。”

每个生命都值得被善待。（反问、引用、呼吁，每一种方式都是作者发自内心的希冀。）

点评

作者用无比真挚、无比企盼的姿态在诉说，劝告、警示人类对其他种类的生命多一份关爱，少一些忽略，多一份共享自然赏赐的感恩，少一些自高自大的狂妄，可谓用心良苦。

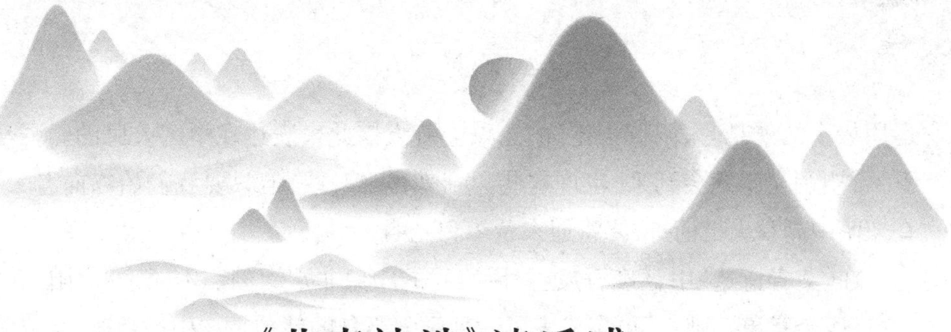

《艾青诗选》读后感

◈学校:嘉兴市第三中学 ◈作者:李嘉欣 ◈指导老师:虞朱玥呈

在艾青笔下,中国的每一寸土地都会说话,每一个没有生命的东西都有意义。我想《艾青诗选》大概是对中国乃至每一个中国人的诠释。

“为什么我的眼里常含泪水? / 因为我对这土地爱得深沉……”当初我偶然间看到这句诗,便觉得这句诗写得太美了,用如此简单明了的语言就将诗人心中那无限的爱国之情诠释了出来。虽然只是简短的一句,但字里行间无不透露着那深沉忧郁的气息。这句诗出自《艾青诗选》,如果你打开这本书开始阅读,那扑面而来的就是作者艾青诗中浓郁的忧郁气息。中国在抗战时期的变化和现状,人民众志成城、团结一心的爱国情怀,还有抗战中国人无私奉献、不怕困难的崇高品质,这些都以诗歌的方式呈现出来。

艾青小时候因家庭原因被父母送到乡下,由一户老农民照顾长大,从而骨子里就透出一股忧郁的气息。他为了感谢和赞扬在乡下照顾他的养母,写下了《艾青诗选》中最著名的一首诗,也是他的成名作《大堰河——我的保姆》。这首诗将一位农村妇女的朴实勤劳淋漓尽致地展现在大众面前。此后,他主要书写抗战年代中国遭到侵略的每一寸土地受到的伤害。

在读《雪落在中国的土地上》一诗时我才真正地感受到,我们生活的这片土地原来受过这样的伤害,艾青将侵略伤害最终都化作一片片的雪花打在这片土地上。诗人对这片土地的爱是深沉的,因此,在看到遭受摧残的土地时,他内心有着多么大的痛苦和不忍。他的眼中常含着泪水,他将国家、土地的遭遇通过他自己的方式一一向人们叙述。他爱土地也爱国家,他懂这片土地遭受过的伤,他认真地倾听每一寸土地的心声,他是每寸土地的诉说者。

艾青写诗还有一大特点,就是擅长用意象来表达自己的想法,《艾青诗选》中运用最多的就是“太阳”“火把”的意象。诗人借此来表达在中国人民的顽强斗争下，希望和光明终会到来，也许这些会到来得晚一些，但只要我们始终向着太阳，在黑暗中高举火把前进，终将迎来希望和光明。

在《艾青诗选》中，《礁石》这首诗给我的印象非常深刻。不同于“太阳”和“火把”这两个意象，“礁石”更多代表了一种顽强不息的精神。诗中描写道，海浪剧烈地拍打着礁石，但它仍然一动不动，承受着从四面八方而来的袭击，它从未退缩而是正面迎接。礁石在自然界中，在人们眼中是没有生命的，但在诗人笔下，它有血有肉，具有顽强的意志，精神意义非凡，它也代表了许多像礁石一样有着同样精神属性的人。

艾青的每一首诗都有不同的意义。在我看来，跟其他诗人如余光中写与生活、思念相关的诗不同，艾青的诗是沉重的、深沉的、忧郁的，但也是充满希望、光明的。他的诗是对中华文明精神的一种解读。

点 评

本文作者选取几篇艾青有代表性的作品为我们点面结合地解读，有欣赏诗歌的功底。“艾青的诗是沉重的、深沉的、忧郁的，但也是充满希望、光明的。”作者读出了自己的理解和感受。作者发现了艾青诗歌的独特之处，比如对祖国深沉、认真的爱，想象力，独特的意象等。

《罗密欧与朱丽叶》是否足以称为悲剧

——对《罗密欧与朱丽叶》悲剧性的分析

◈ 学校:海宁市高级中学 ◈ 作者:许顾航 ◈ 指导老师:姚若丰

莎士比亚的四大悲剧中并没有《罗密欧与朱丽叶》的身影,甚至悲剧类别也每每将它排除在外,一般称其为“正剧”。显然,它不是一部令人愉悦的喜剧或是令人舒畅的传奇剧,正相反,双双自尽的恋人为戏剧增添了无数悲情。当我看完此剧之后,明明早就知道恋人殒命、家族和解的结尾,仍不免对一般认为其是“正剧”的说法有所怀疑。作品中没有被重点刻画的家族矛盾比起轰轰烈烈的爱情实在轻如鸿毛,难道《罗密欧与朱丽叶》真的不足以被称为悲剧吗?

一般的文学定义里,悲剧中具有合理抱负、满怀理想的英雄人物因为理想和现实生活的局限性之间产生了冲突,二者的矛盾对立造成极其悲惨的结局。它的主人公大都是人们理想、愿望的代表者。而正剧的特征则是悲剧和喜剧因素在同一剧中先后出现,呈现过程艰辛困苦乃至绝望而结局圆满等特征。它的外部表现特征主要在于人物命运、事件结局的完满性(有且不仅限于美的收场、幸福的结局)。

由此,我觉得《罗密欧与朱丽叶》应当是一部悲剧。

罗密欧与朱丽叶的爱情悲剧,根据朱生豪(现流传最广的莎士比亚作品中文译者)所说,历史上确有其事。有一说认为,它发生在1303年意大利的维罗纳。无论如何,在漫长的口口相传的过程中,这个故事的细节不断得到补充和丰富,先后有薄伽丘、班戴洛、依英特等数十位文学家据此进行过创作,逐渐演变为后来的罗密欧与朱丽叶的传奇,并经由莎士比亚之笔向全世界告知、发扬。在数百年的传播中,这个爱情悲剧因其感人而让人久久难以忘怀。

在莎士比亚生活的时代,意大利和欧洲的许多国家相继开展着一场思想文化运动，即文艺复兴运动。其间，随着欧洲封建社会逐渐解体，人文主义不断发扬光大，资产阶级反封建的思想，成为了这一时期进步文学的中心思想。用人性反对神权、用个性解放反对禁欲主义、用理性反对蒙昧主义等思想广为流传并为大众所接受。莎士比亚的早期作品便宣扬这种人文主义思想，《罗密欧与朱丽叶》作为莎翁的早期作品就是在这一背景下产生的。这段由牺牲的人构成的历史为全剧构建了第一个不可见、不可触的阴影。

罗密欧，从第一幕和第二幕来看并不是什么纯情男子，在茂丘西奥等剧中主要配角的眼里，他可能更接近于一个花花公子。然而，他对朱丽叶一见钟情后所表现出的忠贞可以说是恋爱者的永恒典范。莎士比亚用极其精确生动的笔墨描述他对朱丽叶的内心感情，如“朱丽叶所在的地方就是天堂；这儿的每一只猫、每一只狗、每一只小小的老鼠，都生活在天堂里，都可以瞻仰到她的容颜”。单看这段话，我们无法确认他对前几任的女友有没有类似的感情或是评价，但是一旦联系这段话产生的背景，这份情谊就显得更加珍贵可信了——误杀提伯尔特后，在教堂里，罗密欧所恐惧的不是死亡。比起死亡，在他眼里更为恐怖的是“放逐”，即与朱丽叶分开。悲剧主人公身上或许有缺点，但是他身上的闪光点令人印象深刻。

朱丽叶同样也是如此。作为凯普莱特家的长女，舞会上与罗密欧的初遇让她开始有了对美好爱情的向往。莎士比亚写保姆播报提伯尔特死讯而引起朱丽叶误会的片段十分精彩，富有戏剧性。其中有一个细节，朱丽叶在相识没多久后就开始更多地为罗密欧悲伤，而不是为她的堂哥。这个过程充分说明了朱丽叶对这个初见的恋人的极度依恋。我们毫不怀疑，如果没有后来奶妈说死的人是提伯尔特的话，朱丽叶真的会当场为了罗密欧自刎。后来，当她看见罗密欧死在自己身前时，她自刎的果断也毫无疑问地证明了这一点。朱丽叶或许有不理智的一面，但是她对罗密欧的深情导致了她义无反顾地选择殉情，人物的性格带来了无法挽回的悲剧，令人叹惋不已。

我初看时认为这对恋人的心理活动极度不正常，他们仿佛把家教、理性抛弃了，只留下了对恋爱的执迷。现在我则认识到，极度的相互依赖才是促使后面两人意外殉情的动机，换言之，这种埋伏好的夸张情感才是他们后来一言一行的由来。而浪漫主义内容的重大占比更体现了两人的真性情，一见钟情的奇妙缘分也与最后恋人悲惨的结局形成令人心碎的对比。

刚刚见面的这对新恋人呵！连热恋的滋味都还不曾享受，就接二连三地遭受不幸！刚刚认识对方，紧接着就发现对方来自自己家族的宿敌；由于误会是提伯尔特杀死茂丘西奥，罗密欧误杀提伯尔特；两家的恩怨不但延续到了小辈身上，更牵扯到了罗威纳亲王，一纸禁令，罗密欧被阻止见到他的心上人！紧接着，朱丽叶假死，本应成功的逃亡计划却没能成功传达给罗密欧。听闻爱人的“死讯”，罗密欧由于极度愤怒伤感，在朱丽叶的坟前与帕里斯同归于尽；朱丽叶醒来，看到实际上的与名义上将要成为自己夫君的青年双双死在自己身前。当她对着自己一刀刺下时，凯普莱特家和蒙太古家的小辈的故事随即拉上了帷幕。

可以说，正是在这些情节的推动下，罗密欧与朱丽叶双双殉情的结局才让人知晓了它的悲处。

回看全剧，罗密欧与朱丽叶的言行经历可以说是诠释了一般悲剧定义中“理想与现实间矛盾不可调和造成人物悲惨的结局”的定义。“不可调和的矛盾”显然是两个人对美好爱情的需要与两大家族之间对立的矛盾。罗密欧独白中的“可是，啊！为什么偏偏是凯普莱特家的女儿！”就显出了对家族矛盾的悲哀。同样地，也是因家族矛盾，罗密欧杀人、逃亡。世代相传的仇怨显然不是他们能直接对抗的，但他们为了自己心中崇高的爱情勇敢向家族隔阂发起了挑战，最终的结局是未能胜过他们希望跨过的仇视深渊。作为主角，两个人都身死的结局显然不能算是一个“完美的结局”，而读者大多也认为剧末家族的和解未必稳定（世代积怨的家族若是能因为这种更能加深仇恨的事件彻底冰释前嫌，似乎积怨的事实就不那么可信，也显示不出前文中动不动就大动干戈的必要性，因此我认为按剧情一般走向，最后两大家族的关系会因为两人的身亡更加僵化），可谓与“幸福的结局”和“美的收场”丝毫不相关。按照一般的正剧形式，显然是恋人在历经生理、心理上的负担，一度绝望后打破家族隔阂名正言顺地一起生活更符合要求；从另一个角度来说，若只要结尾出现剧情的转折就能被称为正剧，那《哈姆雷特》的结尾哈姆雷特成功杀死篡位的叔叔，《哈姆雷特》岂不是也要划进正剧的范围了？这显然不合理。以我个人理解来说，最后安排一点点小小的“希望之花”式情节更像是作者对被虐得死去活来的读者的近似于怜悯的迁就，而这一点点的迁就对全剧的悲剧色调并不产生什么影响。

由于《罗密欧与朱丽叶》本身有一个悲剧的背景，两人分别因命运而历经坎坷并且最后失败，有着对周围环境的不公的抗争，因此，我认为这部剧应当算作一部悲剧。

点评

这是一篇相当不错的文学评论。《罗密欧与朱丽叶》是悲剧还是正剧，这个问题肯定让很多人纠结，作者抓住了这个问题追根溯源，深研戏剧，联系背景，寻找依据，得出结论。论证思路清晰，紧扣主人公的言行经历与悲剧的定义之间的关系，让人信服。

书海采珍

好读书必有好读书的好，譬如能识天地之大，能晓人生之难，有自知之明，有预料之先，不为苦而悲，不受宠而欢，寂寞时不寂寞，孤单时不孤单，所以绝权欲、弃浮华，潇洒达观，于嚣烦尘世而自尊自重自强自立不卑不亢不俗不谄。

——贾平凹

暗夜里的独舞

——读《人间失格》有感

◈学校:浙江省桐乡第一中学 ◈作者:洪家玮 ◈指导老师:汪 叶

只有黑与白的封面,没有任何其他色彩,却比书架上那些色彩斑斓的书更快抓住了我的眼球:一个消瘦得脸颊凹陷的男人托着腮,鼻梁高挺,一双如同深井般黑漆漆的眼瞳焕发不出一丝光彩,你可以从他的眼中读出阴翳和忧郁,似乎能直直地看到人的心底,令我一阵发寒。这就是日本无赖派文豪——太宰治。

“轻生并不是他的本意,他想传达出的是一种想要好好活下去的心情。”有人这么评价太宰治。

太宰治出身豪门,幼时生活极其优渥,但家庭环境的冷漠和温情的缺失却让他得不到真正的快乐,成年后曾五次自杀四次殉情,最终在深深的悲伤和自暴自弃中溺亡。《人间失格》这部小说在战后的日本发表,一经问世竟引起了人们的广泛共鸣,但批判的声音也很多。这样一部颇具争议的甚至被批评为“让人产生生理性厌恶”的“烂小说”有何魅力呢?

《人间失格》是太宰治带有浓重自传色彩的小说。主人公叶藏生活在一个很大的贵族家庭,因为惧怕和憎恶人类,他用种种逗笑手段将自己精心装扮成一个滑稽的小丑,来强迫自己融入“怪物”的群体。从在纸上歪歪斜斜故意写上让父亲发笑的“狮子舞”,再到各类令老师发笑的搞笑作文,他拼尽全力卖弄着自己的本事,却把因惊惧而时时扭曲、发颤的脸深深埋入阴影中。

直到叶藏遇到了和他第一次殉情的女人,她疲惫麻木的目光让他感到舒适温暖。他们约定一同殉情,河水无情地吞噬了女人的生命,而叶藏则奇迹似的醒了过来。这一次的经历使他越陷越深——酗酒、嫖娼,甚至沦落到变卖家财吸毒。他被家人冷眼相待,所有人都离开了他。他被送到疯人院,整日枯坐着望向铁栏杆外的灰色天空，度过了枯败的半生。

“我已丧失作为人的资格了。”我看着白纸上端正的黑字竟渐渐扭曲，每个笔画都发出痛苦的尖叫。是愧疚吗？是后悔吗？是自怜而沉痛悲郁吗？

我忽地听见虚空中一声长长的叹息，不禁潸然泪下。

“尽管阿叶后来变成那样，可在我们眼里，他一直是个天使般的好孩子啊。人变成那样，肯定活不成了吧。”老板娘这么说，眼里噙着泪。

叶藏像只落了网的蝶，拼命扇动着美丽的翅膀，身体却被人性的巨网死死缠住，皮肉逐渐腐烂，终是没了声息。

繁华的日本街道表皮下藏着丑陋的嘴脸，人们放纵自我，像叶藏一样在酒和毒品中虚耗人生，享受着癫狂带来的快乐。心怀正义之人郁郁不平，抱负无处施展，只好跑到青天白日下大声嚷嚷着要革命的口号。腐败物质的资本主义社会容不下想好好生活的人，叶藏的悲惨经历恰恰反映了人心的黑暗，他敏锐的直觉使他看穿了人类的贪婪可怕，就像一头外表温驯的公牛躺着休息时也会毫不留情地用尾巴扇死身边飞舞的小虫。他被黑暗裹挟其中，恐惧令他窒息，于是他用拙劣的方法伪装自己，却落得个遍体鳞伤。

惋惜和痛心涌上我的心头。若曾见过光，又何必藏身黑暗？或许他的一生，就如一只奋不顾身扑火的飞蛾，追求着不可得的美好以致烈火缠身。

有人说，太宰治的《人间失格》不是一部好作品，尽传达些消极悲观的思想，致人抑郁。但我不这么认为，主人公叶藏经历的种种痛苦、悲伤何尝不是每个人的缩影呢？

他惧怕人类，躲藏在自己的面具下，他软弱、悲观、厌世、恶劣、低俗甚至自认为不具备人的品格，这样的人，却有一颗未曾蒙尘的金石一般的良心，并能时时反观自己悲剧的人生，这难道不是很多人都没有的品格吗？

人性的真相永远湮没在黄泉之下，我们却能从广袤的天空窥见那神秘的一角。如果无法到达，为何不在天亮前跳最后一次舞？

点评

无论是太宰治还是《人间失格》，都很有话题性。文章将作品和作者生平并置来写，有板有眼。特别是在故事情节的感性与作品题旨的理性相互交融中，小作者读出了自己不同于一般人的理解，这是本文的可贵之处。阅读需要一种叫“独特感受”的东西，而不只是去猎奇。

书海采珍

有位学者说过，如果一个人每年都读一遍《堂吉诃德》或《哈姆雷特》，然后每年都把读这本书的感想记录下来，那么这个记录也是他的生命史。说一个人的阅读史就是他的生命史，是有道理的。如果我们觉得这样定义过于夸张，或许可以这样认为：他的生命状态和变化，会在这个记录里留下痕迹。

——洪子诚

把“活着”当成“生活”

——读《活着》有感

◈学校:嘉善县高级中学 ◈作者:雷荞灿 ◈指导老师:宋　婕

名为“福贵”的老牛与那些空有“二喜”“有庆”等名字却并不存在的牛从始至终都让我感到有些茫然——开始是不理解,最后是感慨。

福贵的遭遇自然是不幸的,没人能无视他的一生的经历,也没有一个人能高高在上地把一切痛苦的根源归结在任何一个个体上。

究其根本,造就这悲剧的应该还是当时的社会与人性的弱点。人与人给予彼此不幸,或有意或无意,但没有任何一个人只给予或只被给予不幸。就像是龙二诱导坑骗了福贵,夺走了福贵的家产,造成他一家的不幸,但造化弄人,彼时得意的龙二最终也因为这笔钱财丧命。

那么,最后福贵的活着是麻木吗?我想答案是否定的。他接受了所谓的命运,或许在有些人眼中这是一种失败,是软弱,是投降,他们冷眼旁观,投之以讥讽而轻蔑的笑,却选择性忽略了福贵本身的特性。

福贵是个平凡人,是个挣扎在时代浪潮里的不幸的平凡人。他没有宏大的抱负,没有卓越的能力,这些从他被抓去打仗的事件就可见一斑。但就是这样平庸的福贵,在颠沛流离的命运里,没有自我了断也没有彻底堕落沉沦如祥子,他无疑是一个坚强的人。福贵,无论是人还是牛,年迈苍老而无亲无友,只有彼此相依为伴。但二者都在自己的位置上默默坚持,扛着“活着”本身的压力。

《我与地坛》中有这么一段话:“死是一件无须乎着急去做的事,是一件无论怎样耽搁也不会错过的事。”

福贵提到“二喜”等不存在的牛,或许是为了激励老牛,又或许是为了让自己获得力量,也有可能只是单纯的缅怀。无论如何,这些名字都是亲人们曾好好活着的重要证明，也证明福贵能够直面不幸，直面人生，直面死亡。

“皇帝招我做女婿，路远迢迢我不去。”这是老年福贵所唱的。福贵被国民党军队掠走的时候，一边走，一边心里充满了对背离家乡的恐惧和对家人深切的牵挂。解放军来了，他几乎是毫不犹豫地选择了回家，这也证明了他对家的渴望。即使福贵一无所有了，他还是这样唱，为什么？因为这里是他的家人的埋骨之地，这里有他熟悉的人和事；因为在这里，他不用再像年轻时那样闯荡，也没有必要对钱财过分看重。

对于普通人来说，可能一辈子都不会有福贵那样的经历，但从福贵的一生中，我们仍能获得许多体悟。

对于一个人，即使被打击得体无完肤也不能失去对生命的珍视，《活着》给人以一种强大的力量，唯有坚强的人才能不失去本真地活着，而这时，“活着”就成了“生活”。

有人说：“真正懂得生活的人，是珍惜自己、珍惜他人、珍惜时光的人，他的活，少了功名利禄的计较，多的是清心寡欲的悠闲。”

人生来不是为了迎接死亡，而是为了迎接生活。

点评

作者用“把‘活着’当成‘生活’”来诠释福贵，福贵一生经历坎坷，家人一个接一个不幸离世，剩他孑然一身，但他依然坚强而活，不惧生活打压。作者能抓住人物的特征，阐述自己对小说的理解。但“感”部分发挥还可以更充分，把思考引向更深处。

彼此的救赎

——《解忧杂货店》读后感

◈学校:嘉兴市秀水中等专业学校 ◈作者:沈琪琪 ◈指导老师:吴　晶

不知道从什么时候开始,东野圭吾的小说突然在中国火了起来,他的小说广告占据了各大网络书店的主页。而我与东野圭吾的结缘是源于我的一次"手滑"。

那次手滑,让我点进了《解忧杂货店》的销售页面,看着页面里的评价,想起周围人都在看东野圭吾的小说,在好奇心的驱使下,我买下了它。

《解忧杂货店》从小偷三人组偷窃了东西,车子坏掉无法逃离而躲进一家废弃已久的杂货店拉开大幕。从来自过去的三封求助信开始,作者讲述了几个看似不相关却又彼此联系的故事。

"站在人生的岔路口,人究竟应该怎么做?"

浪矢杂货店与其说是一家解忧店,不如说更像是人生的指引。就像浪矢爷爷说的,其实很多来找他咨询的人心里已经有了答案,找人咨询的目的只是为了确定这个答案是否正确。

故事《回答在牛奶箱里》和《深夜的口琴》中咨询者遇到的就是两难。这两个故事有个共同点,都是讲述人在追逐梦想的道路上遇到瓶颈,并且刚好有一个逃避的理由。而小偷三人组的回信恰巧击中了他们内心深处最开始的想法,使他们看清了自己。

虽然在《回答在牛奶箱里》咨询人月兔最终无缘奥运会,且男友还去世了,但是因为遵循了内心的想法选择努力训练,最终也了无遗憾,这是最好的结局。

《深夜的口琴》中咨询人鱼店音乐人松冈克郎虽然最后在丸光园中为了救小女孩的弟弟死于火灾,但是他的音乐梦想在小女孩的身上得到延续,他的歌曲也流传至今。

解忧杂货店并没有给人正确的答案，真正能够左右一个人的人生的是他内心深处的选择。

“绝对不能无视别人的心声。”

《在思域车上等到天亮》中牵扯到了两个故事，一个是解忧杂货店的由来，另一个是边川绿的故事。

浪矢爷爷的儿子贵之一直不解为什么自己的父亲对于每一封信都要认真地回复。浪矢爷爷告诉他，他们内心有破洞，重要的东西正从那个破洞渐渐流失，自己会努力想到答案，绝对不能无视别人的心声。浪矢老爷爷在书中并没有很多细节描写，但是他所说的话、所做的事都能让人感觉到那是一个温和、善良、认真的老人。他的温柔流淌于每一封回信的文字间。但边川绿的事情让他也产生了困扰：自己这些年对咨询人的解忧是否真的帮助到他们了？

后来，那些来自未来的信肯定了老爷爷的做法，因为老爷爷怀着“绝对不能无视别人心声”的态度给他们认真回的信给他们未来的人生带来了积极的影响。

浪矢爷爷并不是一个万能的解忧者，但是他尽自己的能力帮助了对方，这也使他自己获得了快乐，让他的晚年生活充满了精神力。

“如果因为讨厌或是无法信赖等原因各奔东西，就不是真正的家人。”

《听着披头士默祷》说的是浩介的一个改变他人生的选择。前面说到解忧杂货店给咨询者的不是答案而是一个指引，真正能够左右人生的是当事人自己的选择。书中浩介并没有听从浪矢爷爷的话跟随他的家人一起跑路，而是选择抛弃自己的家人，就如他眼中的披头士组合解散后成员各奔东西，因为他觉得心都不在一起了，团聚毫无意义。直到中年他都觉得自己当时的选择并没有错，然而他最后从一个酒吧的妈妈桑口中知道当年的真相的时候，后悔和自责都涌上心头。而他最后在答复信中写了一个与现实全然不同的故事。

从对父母的崇拜到丧失信赖再到知道真相后的再度相信，这是浩介对人性态度的一个极大转变。

在陷入困境时，我们需要的是团结起来，互帮互助共同面对苦难。

“因彼此而起又因彼此而终。”

本书的最后一个故事是《来自天上的祈祷》。对于小偷三人组来说，这是最后一封来自过去的求助信。这个故事的末尾很神奇，揭晓了小偷三人组盗窃的人就是他们帮助过的三十年前的人。

东野圭吾的这本书虽然不是推理小说，但是书中带着悬念，随着故事的进行，交代出这些人物之间千丝万缕的联系，让人恍然大悟。

在故事最开始的时候，敦也曾在外面往信箱里塞了一张白纸，而这张白纸通过时空的连接掉在了浪矢老爷爷的信箱中，并且老爷爷认真地回了信。老爷爷的回复和之前咨询者的感谢信让小偷三人组意识到了自己存在的意义，原来，像他们这样不入流的人，也可以给别人送去温暖，任何人活在这个世界上都有存在的意义，他们在救赎别人的时候自己也得到了救赎，从这一刻起得到重生。

这五个故事中的主角彼此都有着千丝万缕的联系，都和丸光园或浪矢杂货店有着大大小小的关联。而解忧杂货店的老爷爷与丸光园的创办人皆月晓子又有着独特的关系。

我想，浪矢雄治之所以会为别人解决烦恼，皆月晓子之所以会创办丸光园，都是因为他们两个人曾经不能得到圆满，因而希望通过自己的力量促进他人的圆满。全书中各个章节的主角也都因为自己受到别人的帮助，为了回馈社会再去帮助其他的人。

虽然世界上的我们彼此不相识，但是无意中的一个举动就可能帮黑夜中的陌生人点燃那根原本熄灭的蜡烛，重新给他们带去光明，也给自己带来温暖，互相帮助，成为彼此的救赎。

在这个节奏不断加快的时代里，人们变得越来越忙碌，心越来越浮躁，人与人之间缺少的就是那份最简单的温暖和善意，而《解忧杂货店》的文字，想必正好击中了人心缺失的那一块，这就是人们喜欢这本书的原因吧。

点评

小作者以“浪矢爷爷”为核心撰写感悟，以小偷三人组的来龙去脉来重述故事，不仅在内容上梳理，而且在写法上探究，初具文学欣赏的规模。将各色人物与情节脉络勾连起来，理解作者的构思苦心，也有一份自己的阅读收获。阅读从某种意义上说就是一种对话、一种发现、一种情愫的倾诉。

边城,一方心灵的净土

——读《边城》有感

◈学校:嘉兴市秀水中等专业学校 ◈作者:陈旭儿 ◈指导老师:庄梅珍

你的心灵是否向往着一片净土?

假期里一个宁静的午后,翻开沈从文先生的《边城》,我走进了一个美丽的边远小镇,在清澈的碧溪旁,在安闲的渡船上,随着那个年轻姑娘萌动的青春,一起跳跃成长。不知不觉中,我被那个宁静而平和的小小茶峒城吸引,被那个锣鼓喧天的端午节感染,被淳朴厚实的湘西文化触动。我为情愫暗生而激动,为悲伤落幕而哀伤。小说中平淡细腻的文字,仿佛时刻有着生命一般,如此鲜活而富有感染力。

瞧!翠翠家屋后高高的白塔,天空中为夕阳烘成桃花色的白云,在渡船上忙个不停的祖父,生长在滩边生机勃勃的小花小草,小孩们在溪边嬉戏玩耍,飞往远处的小鸟……一切是那么宁静和谐、无忧无虑、自由自在,远离世俗的尘嚣,俨然一幅田园风光图,牵引着我稚嫩的心灵。

在《边城》中,沈从文先生以爱情为主线描绘了一个至情至爱的世界,对于亲情、友情、爱情等都有自己的诠释和表达。

“爷爷,我一定不走……”面对年迈的老人,翠翠知道父母的死对老人有很大的打击,体会到老人的孤寂与恐惧,所以她坚定地对老人做出了承诺,这种承诺也来自内心对老人的理解和爱,以及祖孙的善良和质朴的本性。老人对外孙女的爱同样深厚、浓重。比如翠翠的婚事,一方面,老人为外孙女的婚事担心,希望通过自己的能力为外孙女安排一门好亲事,让外孙女得到幸福,做长辈的都希望自己的小孩生活得开心快乐。另一方面,老人又顾及小姑娘内心的情感,即便这种情感还不成熟,还很稚嫩,但他还是千方百计地琢磨、试探外孙女心中所想,希望她的幸福有良好的感情基础。

天保、傩送两兄弟的感情也十分真挚，他们并没有因为爱上同一个女子而大打出手，也没有因为爱情而不顾兄弟之情。他们的竞争是公平的、不带有任何本质情愫以外的东西，翠翠选谁就是谁。这是何等令人羡慕而纯粹的爱情！主人公翠翠像湘水一样温婉清澈，歌声悠扬清亮，老爷爷慈祥又宽厚，船夫们浪漫又豪爽，就连生活的无奈，在这个地方，都带着诗意的色彩，美好得令人不忍亵渎。天保的死给家人带来了很大打击，在经历了种种之后，翠翠的情感也趋于成熟，由别人"无意提到什么时"都会脸红到思考自己的内心，逐渐变得勇敢、坚强，以实际的行动表达自己的爱意。

我最羡慕《边城》里那些淳朴善良的乡亲。翠翠和祖父去看龙舟比赛，当地的龙头大哥顺顺送他们很多吃的。有人家娶新娘，祖父送他们过河不收渡船钱。祖父去世，周围的乡亲都来帮忙。他们虽然生活很清苦，却能够互相帮助，像一家人一样生活在那个偏僻的小镇。相比之下，我们每天生活在钢筋水泥的城市里，人与人之间情感淡漠，有时候，甚至邻居之间都互不相识。这不得不让人遗憾。

边城美，美在山，美在水，美在人，美在历史的河流，美在人文的关怀，美在心灵的共鸣与震撼。细腻的文字让人体会到一种灵魂深处对亲情、爱情的感悟。看淡所有发生过的事，一切向前看，情人之间、爱人之间、善良的人之间没有什么对错和不可原谅之事，放下心结，成全的不只是他人，还有自己。作品中也流露出作者对人性真、善、美的追求与向往之情。生命坦然，性情自然，心之所向。《边城》就仿佛一方净土，沈从文先生以赤子之心将自然之美、文化之美、人性之美三者有机和谐地融合起来，构成了像诗、像画，更像音乐的优美意境。

随着社会发展节奏不断加快，人们追名逐利，贪得无厌，自私自利，人性也逐渐脱离自然之纯美变得复杂而难以捉摸。而《边城》却打破了让人窒息的利欲空间，让人看到了一个优美的、质朴的"世外桃源"，一方生命的净土。如今的社会有着太多的争执，有多少人在追求爱情时能简简单单保持一种纯粹？有多少人还会为他人着想无私奉献？有多少人愿意牢记前人的警训，时刻监督自己以身作则？还有多少人在为人处事方面能保持恰到好处的率真？

《边城》中那一行行朴实无华的词句却如细腻雕琢、晶莹剔透的玉珠，是那么明亮，那么无瑕，在这尘世间千古不灭永垂不朽，时不时泛着星光，好像在思索些什么……

点评

作者被《边城》里美丽的风景、温暖的亲情、平和的人情所吸引，尽力展示着对此桃源般世界的向往。文字上也受到沈从文先生的影响，平淡里孕育着灵动。笔触也未停留在赏析赞美，而把诗情画意的湘西边城与快速发展的现代社会做对比，把思考推向现实，推向深处。

书海采珍

阅读所有的优秀名著就像与过去时代那些最高尚的人物进行交谈。而且是一种经过精心准备的谈话。这些伟人在谈话中向我们展示的不是别的，那都是他们思想中的精华。

——杨　绛

不是每个人都能面朝大海，春暖花开

——读《海子的诗》

◈学校：浙江省桐乡市凤鸣高级中学 ◈作者：范欣芳 ◈指导老师：汤见光

我想我已经够小心翼翼的／我的脚趾正好十个／我的手指正好十个／我生下来时哭几声／我死去时别人又哭／我不声不响的／带来自己这个包袱／尽管我不喜爱自己／但我还是悄悄打开……

——海子《明天醒来我会在哪一只鞋子里》

我悄悄地打开自己，正好落在文学的光华之上。

从明天起，做一个幸福的人／喂马、劈柴，周游世界／从明天起，关心粮食和蔬菜／我有一所房子，面朝大海，春暖花开。

我热爱海子，这个写下“我是中国政法大学哲学教研室教师，我叫查海生，我的死与任何人无关”作为最后遗言的诗人，这个“曾以荷尔德林的热情书写歌德的诗篇的青年诗人”，以惨烈的方式结束了自己年仅25岁的生命，离开了我们。“他圣洁得愚蠢，愚蠢得辉煌”。

西川说：“我不想把死亡渲染得多么辉煌，我肯定说那是件凄凉的事，其中埋藏着真正的绝望。”

我无法深刻地读懂海子的绝望，他对土地的眷恋、对孤独的无法摆脱、对爱情的失望，或是对其他一切我所未能感知的情绪的表达。到底是什么，使他彻底绝望？工业文明使农耕文化渐渐消失，“有些你熟悉的东西再也找不到了，”海子说，“你在家乡完全变成了个陌生人！”这样的一种疏离感，是否也是一种症结？

今天的他，不是一个幸福的人；明天的他，真的就能幸福了吗？一个时代，总有一些与这个时代格格不入的人，海子或许就是这样一个人。

他以如梵高所说的火中取栗的方式在最后的生命里疯狂创作，幻听、幻觉随之而来，精神也开始混乱。他在那个狭小的住所里，是怎样在半夜因噩梦而起身，整夜在房内踱步，怎样自言自语，怎样被心绪折磨得终日不宁。

“你可以嘲笑一个皇帝的富有，但你不能嘲笑一个诗人的贫穷。”我没有嘲笑他，我不敢嘲笑他，我没有资格嘲笑他；只是那个时代嘲笑他的贫穷，使他变得贫穷。

从明天起，和每一个亲人通信／告诉他们我的幸福／那幸福的闪电告诉我的／我将告诉每一个人

阅读一本书，能在其中找到共鸣，是一件很美好的事。我读不懂诗，但我喜欢读诗，诗是一种美妙的语言。有句话说“书读百遍，其义自见”。但我拒绝这种做法，我是个极没耐心的人，我怕将一首我爱的诗读上50遍后便对它腻烦了，我便少了一分热爱，这是一种悲哀。

某些时候，我觉得我与我所热爱的诗人有一些相同的地方，不是才气，不是赤子之心——我自认无论是哪样都是我无法企及的，但真的存在一些相同的态度。

“万里无云(的村庄)如同我永恒的悲伤。”我也想着用手中的笔写下自己的孤独，但终究太过稚嫩。想法很浪漫，世界很现实。我只能在现实中身体力行，感受现实的情愫、现实的诗。

海子是一个有赤子之心的人，悲哀的是，现在很少有人能做到这样。我想象着自己也是这样一个人，但我终究不是。我只是沉浸在自己的世界里，无法自拔。“一种阴郁的气氛只能培养狭隘的头脑，这对于写作是相当不利的。”所以我所写下的，都只是千篇一律的无病呻吟。

海子是孤独的，没有太多知心的朋友。我认为朋友是一辈子的事，并不是一段时间的事。如果一辈子有很多个知心朋友，那当然不错，但如果是一段时期一个，那怎么行？不能想象，一个朋友，他怀揣着我的心思、我的秘密，在我面前，视若无睹地走过。

而我是一个太过奇怪的人：有太多的人曾对我视若无睹，所谓的朋友。

“流逝的流年流淌着流传的流言，流浪的流氓继续着流亡。”

而我：

给每一条河每一座山取一个温暖的名字／陌生人，我也为你祝福／愿你有一个灿烂的前程／愿你有情人终成眷属／愿你在尘世获得幸福／我只愿面朝大海，春暖花开

我也希望，有人为我和我的诗人祝福。

点评

诗歌是属于少年的，那些跳动的节奏并没有随着诗人的离去而停歇，它们仍在拨动着一颗颗年轻的心，作者就是其中的一个。可以不懂诗，但就是一刹那被它吸引，被它感动。读着诗句的时候，读到的是自己的人生，自己的情感。所以谁又能说作者没有读懂海子呢？

城里城外，皆是人生

——读《围城》有感

◈ 学校：浙江海盐元济高级中学　◈ 作者：秦菲儿　◈ 指导老师：翁　洲

围在城里的人想逃出来，城外的人想冲进去。

我们的人生，是一座座围城所构筑的。《围城》的主人公方鸿渐在小乡镇时，怕人家倾轧，到了大都市，他又恨人家冷淡，倒觉得倾轧还是瞧得起自己的表示。如此的矛盾与纠葛还有许多，方鸿渐内心一次次的搏斗与屈服构成了他人生无尽的围城，冲进去又想出来，逃出去又想回头，不安分、不满足却永远无法摆脱现状。书中的人物大多都是如此，方鸿渐的野心勃勃和行为软弱，苏文纨的才气与矫情，李梅亭的现实和庸俗，孙柔嘉的柔顺和主见，各种人交织在一起，混乱地演绎着一幕幕戏剧。民国时期，他们受到西学的影响，却仍然无法彻底脱离古旧的官僚传统，既追求文化理想，又无法摆脱世俗的牵绊，最终困于围城。我们看到，这些人追求的所谓世俗功名、理想、爱情都无法使他们真正幸福，无论是冲进去还是逃出来都是毫无意义的行为，像是人生的一场幻梦，让人啼笑皆非。

但我们的人生又何尝不是如此呢？每个普通人的人生选择都无法摆脱"围城"，每个人都在踽踽独行，每个人都可能走投无路。我们总是不屑与他人为伍，却又害怕自己与众不同。所以在面对他人的质疑声的时候，会忍不住地产生放弃的念头；所以在热爱的和应该的之间，总是进退维谷；所以面对不公允之事，总是犹豫再三审时度势；所以在现实之下，总有人会妥协。我们也生活于一座座围城之中。

没有人总是能投掷出想要的数字，没有人总是能做出对的选择。但重要的是去选择，去走你想要走的路，是阳光洒落的康庄大道也好，是铺满落叶的崎岖小路也罢，抑或不管前方的路是如何的，只要迈开了脚步，都比站在原地更加接近幸福。如果想要什么，就应努力争取，不管用说的也好，做的也罢，一定努力争取才对。因为畏惧或害怕失败，而把真实愿望藏在心底直至腐烂，甚至弄虚作假自命不凡，成为一个自欺欺人的人是非常不正确的做法。

在无穷变化的社会环境中，随波逐流只会让人丧失自我，无法摆脱价值消失的困境，更有甚者，永远活在别人预设的标签之中。正如方鸿渐一生都没有顺从过自己的心愿，没有自己去做出过选择，永远只是附和。他留洋是为了长辈的脸面，寻求工作都靠别人的救济，面对心爱的人胆怯懦弱，对于缺失了爱的婚姻不表态不沟通，最终只能落到无从选择、无从反抗的境地。人生际遇无法一帆风顺，唯有坚守本心，为所当为，保持平静与勇气，才能积极面对人生的挑战，寻找到和谐的自我，无惧浊流的洗刷。

不管上帝发给你什么牌，努力去打好它就能做对人生大部分的事。不管在城里还是城外，不管眼前的谜团是多么难以解开，往前走，往前看，哪怕只是凭着惯性继续往前走，总有一天会在漫长的行程中找到方向。

无论是城里还是城外，都应胸中有丘壑，万般向未来。

点 评

文章开头引用了杨绛先生解读《围城》的话"围在城里的人想逃出来，城外的人想冲进去"，她的后半句是"对婚姻也罢，职业也罢，人生的愿望大都如此"。杨绛先生认为小说的主题是人生处处是"围城"，存在着永恒的困惑和困境。作者并未朝此方向前进，而是拐了个弯，围绕着"人要选择自己想走的路"而谈，就是"做自己"。其实两者还是有偏差的。

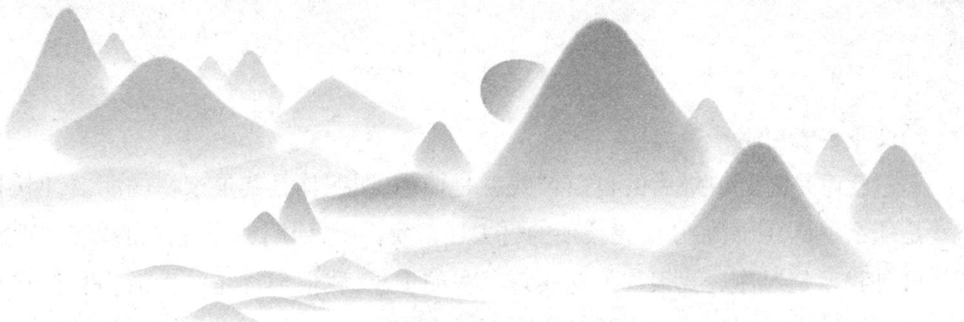

恶意之上

——读《恶意》有感

◈学校:平湖市当湖高级中学 ◈作者:刘晓月 ◈指导老师:王 艳

有些人的恨是没有原因的,他们平庸,没有天分,碌碌无为。于是你的优秀、你的天赋、你的善良和幸福,在他们眼里都是原罪。

合上《恶意》这本书,闭上眼睛,回忆着案件的种种,脑海里重复着一遍又一遍的“没有什么原因,我就是看你不顺眼”。原来人与人之间的恶意可以来得这么简单,明明一个人是这么善良,却被另一个人没来由的恶意拖进无底深渊。

学生时期,日高将野野口从被众人忽视的黑暗中带入光明,野野口却在背后诋毁日高;步入社会后,日高因为希望野野口过得更好一些,给他介绍工作,又在生活上为他提供各种帮助,但是日高伸出的援手在野野口眼中却是施舍。两人从小都有一个作家梦,可不同的是,长大后日高很快就实现了自己的梦想,成为一名优秀的作家,但野野口却始终难以出头、无人问津。多年来处在日高之下的落差感,早已让野野口滋生出妒忌和愤怒,并且不断地加重,越积越多,最终他谋杀了日高,还试图抹杀他之前的所有成就。就算是被捕也不怕,即使赌上自己所剩无几的人生,也要贬低对方的人格。野野口在这种令人窒息的氛围里,在每一个日子里不断复习那种恨意,直到生命结束。

恶意就潜藏在我们的身边,或来自他人的恶念,抑或埋藏在自己内心深处的、不为人知的那份丑恶。可能是一个小误会没有解开,一个脱口而出的不合时宜的玩笑,抑或出现在青春期的一些特定的情感导致人际关系的混乱,这些琐碎的事情遇到了正值青春期的少年,不成熟的少年一笔一笔记在心里,慢慢滋生出恶意。而每个人都在尽力掩盖自己内心的恶意,可总会有那么一天,等这份恶意足够强大时,它就会冲出禁锢它的牢笼,控制你的身体甚至你的大脑,于是你的思想和行动便不再受控制。

就像是野野口最后的自白:“我就是恨你,明明你是我最亲密的朋友,明明你是那么善良,明明你知道我猥琐的过去还帮我保密,明明你一直在帮我实现理想。可是我就是恨你。我恨你抢先实现了我的理想,我恨你优越的生活,我恨当初如此不屑的你,如今有了光明的前途。我也恨我的懦弱,我恨我自己运气不够,才能不足,我恨我自己还没来得及成功就得了癌症,我把我对自己的恨一并给你,全部用来恨你。那么,在我死之前,杀了你,让你带着世人的骂名下地狱。在你死了以后,我再继续恨你。”这恶意很简单,也深入骨髓。

恶意存在于每一个黑暗的角落,甚至每一片光明之下。恶意,最执着的怨恨,最凶险的人心。所以在大众视线所及的地方出现了校园霸凌,职场上的钩心斗角,甚至是国家之间的各种对抗。或许其中的一些事并不能用恶意来定义,但也是一方对另一方的不满和打压。

在这一年中,世界大舞台上所发生的事也很好地诠释了恶意。新冠疫情的暴发,考验着全人类,中国用实实在在的抗疫行动体现了大国担当,生动践行了构建人类命运共同体的理念,用事实证明了中国特色社会主义制度的优越性,并赢得了大多数国家的支持和认可。但也正因为这出色的表现,以美国为首的多个国家,不断地推出政策来打压中国。中国所采取的抗疫举措卓有成效并向全世界推广,可有些西方国家就是用他们的恶意来揣测我们的善意,并将善意拒之门外。正是中国的强大使得一些国家怕了,嫉妒了,于是他们将深深的恶意毫不掩饰地展现出来了。中国的成长和发展,全世界有目共睹;中国人的优秀、善良和勇敢,全世界也有目共睹。中国人又何惧于外国霸权的恶意打压?

虽然人与人之间,不可避免地存在着种种恶行,但我们的大众还是欣赏、歌颂善行,鄙视、唾弃奸恶。虽然西方国家看中国崛起就要打压,但还是有更多有良知和正义感的国家与中国携起手来,共同抵御他们的欺凌。我们相信恶意之上,还有正义之光在闪耀。

点评

作者的读后感并未停留在表面,从故事简介到恶意来源的分析,由他人到自我,由个人到国家,由浅入深,层层深入,帮助读者认清恶意,更看到正义之光。

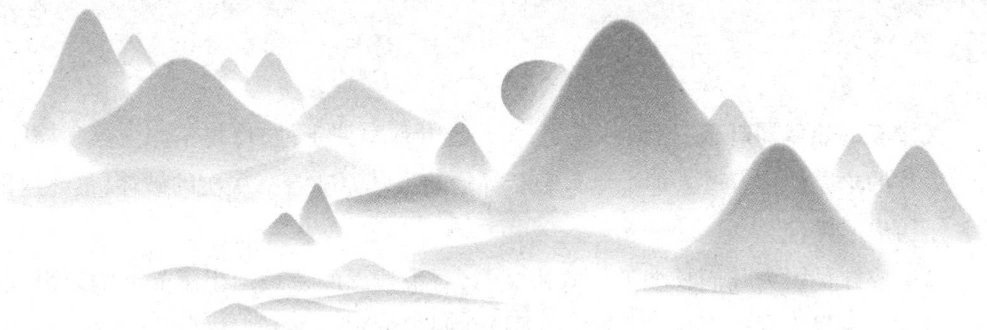

观　狼

◈学校:嘉兴市第四高级中学　◈作者:万鹤啸　◈指导老师:陈银娥

幽怨绵长狼嗥,草原大命归宿,会聚于这本旷世奇书。

——题记

翻开《狼图腾》这本书,我能听见蒙古草原狼从千年前传来的壮烈的悲号声。

全书为我们展现了不同的人对狼的看法:陈阵把狼当作朋友,杨克把狼当作希望,毕力格把狼当作图腾,而代表那个年代大部分汉人的看法的包顺贵把狼当作敌人。

书中,狼群的团结让我学到了不少的东西。它们隐忍、智慧、团结、拼搏。未读书之前,很难想象这群野蛮的猎食者在捕猎时竟会如此分工明确。几十只狼对着上千只的黄羊慢慢进行包围圈的形成、收缩,却不着急进行猎杀,非得等黄羊们撑得都快跑不动了,才开始猎杀。

它们的确完成了一次完美的猎杀。当我看完它们猎杀,再回顾历史,十三世纪那群蒙古铁骑身上仿佛也带了些许狼的身影。或许,这也是他们虽然“只识弯弓射大雕”,却依旧所向披靡的一部分原因吧。

包顺贵等人的出场改变了整本书的剧情走向。我清晰记得老王头和二顺打天鹅的故事。他们不仅不把随意杀害天鹅的罪状看成耻辱,反倒为“癞蛤蟆终于吃上天鹅肉”而欢呼。他们滥杀生灵的行径,践踏着那片毕力格老爷子信奉一生的“腾格里”,践踏着这片草原上的一切生灵,也践踏着他们内心的道德。那个片段,我看着揪心,看着愤怒,看着心寒。那种感觉,可以用汪曾祺的小说《落魄》的结尾形容:“我没有第二种感情:厌恶！我恨他,虽然没有理由。”

在书中,包顺贵等人用错误的政策对草原生态进行破坏。他们首先用过去时代没有的热武器赶狼、杀狼。进而,大片地开垦草原土地,使得草原上鼠害横行,大片的草原沙化。过去那个令人心旷神怡的大草原随着一次次的破坏,最终退出了历史的舞台。

或许是因为我们长期处于农耕文明,对狼残忍的杀戮产生了先天的恐惧,所以才会想尽方法去灭尽它们吧。可是,我眼中的狼,它们倒是像极了我们尊崇的那些士大夫啊。我们有五柳先生不为五斗米折腰,它们有小狼(陈阵养的那只)不愿受奴役而一意求死。它们团结,分配均匀,不会互相争斗,不像那些宦官奸臣会为了虚名功利,欺瞒上司甚至诬陷能才。

近年,华为总裁任正非提倡华为应有“狼性文化”。对此,我是站支持一方的。倘若一个企业没有“狼性文化”中的敏感性、团队性和不屈不挠的精神,一个企业,尤其是一个以技术为核心的企业如何在如今高速发展的世界站稳脚步,砥砺前行呢?

合上这本书,耳旁的狼嚎声渐渐随着冬日里的寒风逝去。黑压压的封面上印着的那两只绿色的眼睛,有承认失败的失落,有被迫迁居的痛苦,又或许是一个高位者对低位者的悲悯?但它们离开从前美好的欢乐家园已成了不争的事实。

点评

一部《狼图腾》可以让我们重新审视图腾文化,重新思考我们的民族文化的多样性。"把狼当成什么?"是本文的核心命题,是检验不同人的试金石,也是折射《狼图腾》这本书内蕴的一块宝石。"全书为我们展现了不同的人对狼的看法:陈阵把狼当作朋友,杨克把狼当作希望,毕力格把狼当作图腾,而代表那个年代大部分汉人的看法的包顺贵把狼当作敌人。"作者很好地找到了评论的切入点。

脚下六便士,抬头清辉月

——读《月亮和六便士》有感

◈学校:海盐高级中学 ◈作者:江笑妍 ◈指导老师:陈月月

“满地都是六便士,他抬头看见了月亮。”

人应当如何衡量生活的意义,是枕着六便士还是追寻月亮?毛姆笔下的斯特里克兰德在巴黎满地的六便士里抬起头,看见了月亮。

“我总觉得大多数人这样度过一生好像欠缺点什么。我承认这种生活的社会价值,我也看到了它的井然有序的幸福,但是我的血液里却有一种强烈的愿望,渴望一种更狂放不羁的旅途。我的心渴望一种更加惊险的生活。”在斯特里克兰德眼中,庸碌而平淡的生活只是浅薄的幸福,于是他拼了命地摆脱巴黎,摆脱这样的日子,甚至不惜抛妻弃子,因为他在六便士与月亮之间选择了月亮。诚然,对于家庭和社会来说,斯特里克兰德就是个彻头彻尾的人渣,他作践自己的生活,疯狂偏执得令人难以理解,可他不过是想要过自己的生活。

“做自己想做的事,过自己想过的生活,心平气和,又怎能叫作践自己。”

所以怎样才算是自己的生活?对斯特里克兰德来说,所有不惜牺牲一切疯狂追寻自己高高在上的理想的人,就像是盗取火种的普罗米修斯,总要付出惨痛的代价。他不顾一切地奔向自己的月亮,是为了寻求内心的救赎与解脱,摆脱那片世俗的泥沼,他不愿再过平庸井然有序的日子,这不是他自己的生活。“这一生很短你要竭尽全力追逐太阳或习惯黑夜。”斯特里克兰德选择了前者,于是他片刻不停地奔跑,任凭周遭的一切疾速地向后飞驰而去,燃烧自己的灵魂,化为一束光摆脱了庸庸碌碌平淡的永夜,追寻带着清辉的月亮。在他完成屋顶上杰作的那一刻,他成功了,世俗的泥沼离他远去,他拥着柔和的月光,灵魂得到了前所未有的宁静。

毛姆笔下的斯特里克兰德只是一个缩影，是千千万万人的一个缩影，亦是毛姆的缩影。查尔斯不只是查尔斯，他是毛姆，是梵高，是高更，是米开朗基罗，是所有不羁桀骜的灵魂，是“十年饮冰，难凉热血”的赤子，是照亮永夜的那束光，是庸庸碌碌的生活里永远也磨不平的棱角。

我想，在物欲横流的现代社会，我们需要这样的一个月亮，需要人心的那点桀骜，需要那点庸碌生活难以磨平的棱角，需要那从年少时就存于心中的三分热忱。我们需要的不仅是月亮，更需要的是斯特里克兰德面对一切的勇气，他燃烧自己追寻月亮的勇敢。

生活是生命永恒的话题，王尔德曾言：“我不想谋生，我想生活。”生活的意义到底是什么？是脚下那现实的六便士，还是天上遥不可及的月亮？没有答案。但是无论如何，我们都该如同斯特里克兰德一样满怀勇气去探索去追寻，去过自己的生活。

点评

人应当如何衡量生活的意义，是枕着六便士还是追寻月亮？读过《月亮和六便士》的人都会扪心自问，但与斯特里克兰德做同样选择的人会有几个？作者看到了斯特里克兰德不顾世俗眼中的评价，发现了他想过自己的生活，摆脱平庸，而在我们这个时代更需要这份反思、这份勇敢。文章思考层层深入，认清他人的同时也提升了自己。

仅此一次的奔赴

——读《一个人的朝圣》有感

◈学校:嘉兴市洪兴实验学校 ◈作者:肖贝佳 ◈指导老师:王斌俊

哈罗德上路了。

或许一切都是从一封来自好友奎妮的信开始改变的,哈德罗并没有意识到,自己的生命轨迹正在一点点偏离航道,驶向未知的远方。

一生庸碌,一生平淡,他不懂得如何爱,也不懂得如何接受爱。交流障碍,丧子之痛,妻离家散,哈罗德就这样度过了平凡又痛苦的前半生。他懂得如何修缮破旧的房子,但不明白生活的欢愉;他明白火炉里滋滋作响的木柴在燃烧,但不知晓内心的空虚如何得到安慰;他了解邻居的作息,但不知道妻子失去爱子的蚀骨之痛。

看似丰富的经历,却无法让他真正感受到快乐。当一切都回不去了,哈罗德决定为了自己而奔赴一场约定。于是,一个看似借口的理由,一次简单纯粹的奔赴,就此展开。他知道奎妮正在走向生命的终结,于是他下定决心去救她。或许他心里还是忐忑不安吧?可是这场意外,怂恿他生平第一次任性地、不顾一切地大步向前。

他放下了地图和手电筒,也寄回了银行卡和手表,记住了植物百科,只穿着他的帆布鞋,带着一声声年轻的心跳,就这样赴一场旅程。他解放了自己过去二十年来努力回避的记忆,任由这些回忆在他脑子里絮絮说着话,鲜活而跳跃,充满了能量。他错过一个又一个邮筒,但他不再需要用英里丈量自己走过的路程,他只是把一只脚放在另一只脚前面。

鞋子破了就补,脚受伤了就休息,小狗的加入,朝圣者的加入……所有这些伴随着哈罗德一同上路。他不懂人情世故,不明白前路漫漫,也不听他人的好言相劝,带着那只一路陪伴的小狗,只顾低头——把一只脚放在另一只脚的前面。

只要心中有爱,眼中有光,看到的都是风景。一场义无反顾、头也不回的奔赴注定会遇到犹疑和退缩。不是谁都有哈罗德的勇气,也不是谁都像他一般洒脱。但人最终还是要遵从自己心灵深处原始的疯狂。

我们身边都存在无数穷游者,他们带着一个鼓鼓囊囊的背包、一个褪了颜色的水杯、一顶洗旧的帆布帽,以及一颗滚烫的心,扬一扬手,便是一场义无反顾的奔赴。他们有的搭车去柏林,有的骑行川藏线,有的徒步穿越亚欧大陆。当风沙刮破他们早已黝黑的脸颊,当丛林划伤他们满是风尘的小腿,当颠簸的货车驶过泥泞的山路,当头顶是烈阳,足下是烈途,当他们不能回头,身体必然会陷入无限的疲惫。可他们的心灵却是饥渴而又欣喜若狂的,身体的痛苦并不能削减他们一分一毫的热情。勇气,自始至终都源于持久的疯狂。

每个人都有过穿越世界旅行的梦想,但是,大多数人的梦想都淹没在生活的琐事里。你期盼一场精彩万分的旅程,却总是还在等,等到青春荒废,体温用尽,才开始悔恨。

我在等那一天,等我放下书本,我也想换上一个沉甸甸的背包,装满一个个用心许下的愿望,我不再奢求所有人的理解,我只听从我内心的声音。

我喜欢灵魂跳跃时的感觉,喜欢倾听心脏跳动的声音,喜欢躁动的青春和永不止息的疯狂。

就这一次,不管结果是好还是坏,我都坦然接受并为之疯狂。

点评

作者很显然被《一个人的朝圣》这本书吸引了,花了很多笔墨介绍书里的内容,其实还是应该精简文字,把更多的功夫花在由此而生的"感"上。作者由看书想到了穷游者,表达了对听从内心想法的人的羡慕。后半部分若能充分展开,会使读者印象更为深刻。

静　思

——读《时评写作十六讲》

◈学校：浙江海盐元济高级中学　◈作者：张娴菱　◈指导老师：徐晓琦

距离阅读完《时评写作十六讲》已有一周不止，除了表面的技巧，我收获的更多的是一种态度——一种思考的态度。在飞速变化的现在，静思是多么难得的能力。

静思，贵在静，在喧嚣的尘世静下来，不为情绪、道德的枷锁控制，便是静思的意义所在，静不是为了逃避闹，而是为了在闹中求理，看到闹的真相与本质。当然，静思不是冷漠，正如书中所言，“没有情怀的批判只会毁坏人心和激发对抗的冷漠”，“首先得有个坚定的信仰，然后才能批判地思考”。这是作者在后记中的希望，也说明了静思不与情绪对立，而是在合情的前提下理性思考，静思是对他人，也是对自己。

静思有益于学会独立思考，在前两讲中最打动我的是这句话：“独思的修行应该在大学时代就开始，才能在将来无论从事什么行业，都能在群体的喧嚣中保持相对的清醒。”其实，独立思考的意识不是在我们独自一人时产生的；相反，它常常产生于我们意识到自己的思想将要淹没在众人思想的海洋中时，但往往只是一瞬，稍纵即逝。如若感受到并能生出独立的思考与观点，哪怕不太坚定，都会助推独立思想的养成，在群体的喧嚣中保持相对的清醒，从而达到静思——不为喧闹所扰，守住信仰，守住独立思想。

既已承认独立思想是在群体交往中产生的，那便找寻到了静思的产生途径——“归纳出一个可能每个人都能想到的观点，然后在这个观点的基础上去思考。”静思于外的一个方面是学会了解主流的观点，这样可以避免自己无从下手的尴尬，也能防止思维偏离主流的价值导向进入思想的角隅。而对于这个主流的观点，可以发出疑问，深度思考；也可以进行外延，“由特殊性入手，上升到普遍性”；或是透过表象，追问本质。就像梁莹学术不端被爆出，在一致性的批判声中，可以有这样的独立思考：“梁莹学术不端却能一路绿灯，肯定不只是一个人的问题，而是一群人的问题。”这便是跳出了道德层面的批判，上升到了理性的思考，顺藤摸瓜便能架构出独立思想。也许这便是《语言与语态》一讲中所提倡的“评论要尽可能地超越道德层面，而上升到专业层面才更有附加值”。

而静思于外的另一个方面则是跳出自我局限，站在不同的角度思考，这并不等同于换位思考，而是要求评论者在形成独立思考后跳出思维的惯性，以不同的姿态去完成对事件的观察与思考，以不同的身份去形成不同角度的独立思考，从而增加静思的温度与情怀。如若不然，我们便只会冷漠地嘲讽他人的冷漠。于是，我们一边嘲笑井底之蛙，一边身体力行地演绎着各种形式的偏狭；于是，偏见与隔膜在一次次不加省视的不解与不屑中得以强化；于是，只知日光的炽热，永远不懂月光的清冷。多角度思考也许会带来观点的矛盾，但同时也带来了思维的完整和联系，加强了文字的力量。

静思是冷暖的交织，不是冷暖的抗衡，所谓合情合理，情、理是不能被对立起来的。我们生于喧嚣之中，难免被情绪带跑，而理性的思考可以让我们回到冷静。末了，冷静的批判性思维中融入几分人情的温度，也许这便是静思的妙处所在吧。

点评

曹林的《时评写作十六讲》作为时评写作指南，更重要的是启发评论思维，培养正确、公允的评论素养。这篇读后感就能紧紧抓住这一点。作者从书里学到的是评论的态度，是冷静、独立的思考，因而下笔冷静，思路清晰，观点如何产生，思考如何延续，思维的逻辑缜密。没有所谓的好词好句，只是用客观平静的语言阐述所得所思，但文字充满力量。

练剑何为？

——读《陆游：铁马冰河入梦来》有感

◈学校：嘉兴秀水高级中学 ◈作者：沈钟颖 ◈指导老师：吴 燕

嶙峋瘦骨外包裹着皴裂的皮肤，挥动手腕落下最后一字，像是一生心血倾注进即将枯槁的土地。力透纸背意难平，却已年老，灯火将尽。风穿堂过，泪水与墨迹混合，晕成一片花火。

那信纸上头写的是“王师北定中原日，家祭无忘告乃翁”。陆游至死仍惦念着光复失地，奈何这是一纸长歌当哭，赋予不甘的扼腕悲吟。朱红印章下题着“示儿”二字——示儿，示儿，无奈至此。

雁过无痕，阶前草未生。其父与友人煮茗论证，每论及秦桧，常常掩面叹息，悲恸流涕，陆游在旁不明为何，其父言：“听之，听之，年长自当以国为命。”语罢，远眺，陆游顺着望去，目及处皆为沦陷失地，嫠妇幽泣，孤儿大号，这一切像利刃贯穿他的胸膛，怅然如潮水般涌向痛处，喉间哽咽，久不能言。从此，“上马追狂胡，下马草军书”成为他的一生夙愿。

春生秋杀，年年复年年。他四季舞剑，剑映山河；他也秉笔直书，不逢迎他人喜乐，在考场上大肆畅谈收复山河。可时事不顺，金榜无名，铩羽而归。他坚信“道义无古今，功名有是非”，誓不醉身名利与他人苟同。但大宋风雨飘摇，佞者皆为利而谋。奸臣夺权，通金卖国，统治早已变得岌岌可危。他数次直言进谏，请求抗金救国，却换来贬谪他乡的命运。

宦场沉浮数十载，心忧庙堂为他平添些许皱纹。白天他为民请命，造福百姓；夜里，宽衣解带，覆着薄灰的铜镜影影绰绰映出日渐衰老的容颜，夜半凉风吹拂白发，窗外是庭阶寂寂，月光排铺。陆游怃然一笑，“有谁知，鬓虽残，心未死”。

待到岳飞一路北伐，眼见有望收复失地，一场朝廷动荡，接踵而至的是戛然而止的不甘。夜半潮平意未平，陆游一夜难眠。

天光乍破，屋檐上的露珠欲坠未坠，一纸诏书便催促着陆游起程，沉淀了一晚上的风带来了些许春意，绿了大地，却暖不了失意人的心。路途崎岖，山间小路与几乎没有轮廓的地平线交融，天地一色，仿佛昭示着前路茫茫。过剑门关时，途遇小雨，细雨溅起泥点，土壤里兀地生出若隐若现的青草，蹄声嗒嗒点地，和着雨声，留下一串深浅不一的脚印。

孑然一身，又独自远走他乡，这其中的疾苦只有陆游一人尝。桎梏缠身，满地疮痍，“此身合是诗人未，细雨骑驴入剑门”。雨下大了，陆游轻拉缰绳，雨水浸湿他的衣裳，蹄声渐促，载着他忠心报国的一生颠簸远去。

坠兔收光，破旧的茅屋中，风飒飒地往里吹，一个年迈的老人卧在床榻上，眉目紧闭，早已入梦。

梦里，是桂影斑驳，而他舞剑不辍。旁人问：“练剑何为？”答曰：“剑指中原，还我河山！”

点 评

作者欣赏陆游，借助诗意的表达来完成自己的诉说，文章读来感性、舒适，有亲和力。作者娓娓道来，如诗如画，其间夹杂数句陆游的诗歌，又似有留白。从读诗人传记的角度看，本文似轻灵感性有余而扎实有序不足。

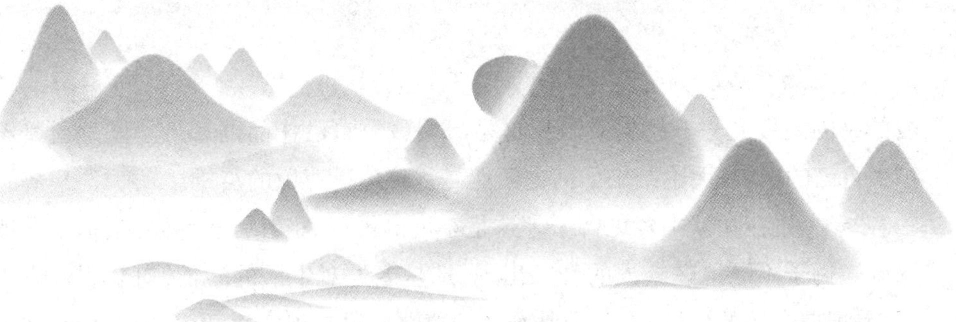

梦见狮子

◈学校:嘉兴市第一中学 ◈作者:张祎程 ◈指导老师:朱瑜冬

加勒比海的海风刮过老人沟壑纵横的脸颊,坚韧的渔线嵌在老人紧握的手中。平静的海面,简陋的小木船,一个如狮子一样强大的人——圣地亚哥。

圣地亚哥是古巴的一个老渔夫,在茫茫的大海上漂泊了八十四天却一无所获。但第八十五天,大鱼上钩了。从未有人能独自钓起如此巨大的马林鱼,但此刻,老人紧握手中的渔线,老人知道他势在必得。经历了两天两夜前所未有的艰难考验,大鱼终于被老人刺死。但染血的海水引来了饥饿的鲨鱼群,老人与鲨鱼殊死搏斗,保卫自己的“战利品”。黎明时,老人归来,船尾拖着的却是一副巨大的鱼骨。

《老人与海》塑造了一个具有悲剧色彩的英雄形象,诠释了“人,不是为失败而生的。一个人可以被毁灭,但不能被打败”。书中的老人或许不是胜利者,鲨鱼夺走了马林鱼。但老人独自一人驶向大海,数个漆黑的夜晚,唯有海鸥做伴。他从未向鲨鱼妥协,从未向大海屈服,扛着疲劳的身躯,他是一个向命运发起挑战的无畏者。

脆弱的渔船在巨浪里翻滚,渺小的人类与强大的自然抗争,面对着未知的人生。海面上没有灯塔,但老人的心中点着一盏明灯,无论肉体是疲劳还是毁灭,心中的火光永远燃烧着顽强的意志与不屈的灵魂。清晨归来,老人并非一无所有,铮铮的鱼骨见证了一场胜利。

《老人与海》完成于海明威的低谷期,海明威创作这部小说不仅仅是为了勉励自己,更告诉人们,人是不能被打败的。海面波涛汹涌,我们驾驶的小船跌宕起伏,但正如汪国真所说的那样:“你若有个不屈的灵魂,脚下便会有一片坚实的土地。”“驶向大海的小船上,挂着一面饱经风霜却依旧鲜艳无比的旗帜,旗帜上云龙般的字闪闪发光——超越极限！”这是海明威对自己作品的评价。圣地亚哥不断扩大自己的极限，无论结果如何他已然是一位值得尊敬的英雄。

“老人正在睡梦中梦见狮子。”这是小说的最后一句话，虽然短小，但令我印象深刻。狮子不断地在老人的梦中出现，那是老人对生活的激情，对梦想的有力追逐，是把握命运的力量，是一个胜利者的尊严。纵然现实生活艰苦与厄运交织，但斗志一直在燃烧，不屈的灵魂一直支持着他前行。我们可以感受到老人的无奈与悲哀，更被一个奋斗者的坚韧与威严所感染。

像老人那样，现实中的我们也有可能奋力拼搏了，却没有结果，只有一副空空的“骨架”。但若坚持到最后，就是胜利者。每个人的梦里都藏着一头狮子，那可以成为牵引人奋斗的力量。

老人疲惫地睡着了，却在梦里见到了狮子。

点评

《老人与海》是学生的必读书，也是人生的必读书。故事简洁，但意境悠远，仿佛一则生活寓言。本文作者紧扣"一个如狮子一样强大的人——圣地亚哥"这个聚焦点来写，行文紧致。文章解析了主人公的梦——坚毅果敢、雄心壮志、无奈沧桑、苦苦挣扎、孤独寂寞……海明威的冰山之下，到底埋藏了什么？我们可以试着系统地挖掘一番。

莫让悲伤逆流成河

——读《悲伤逆流成河》有感

◈学校:海盐第二高级中学 ◈作者:王鸿领 ◈指导老师:李 玲

我希冀,繁华的星空中,没有被冷落的夜流星。

——题记

起初浏览这本书时,它给我很大的触动,一时间,我竟不知该如何形容。再次细读后,它在我心中留下了一片孤寂——仿佛一只折了翼的大雁,从空中坠落,再也无力挣扎……又仿佛那唯一的晦暗、渺小的流星独自划过,最终消逝在无边无际的星空……

易遥是不幸的。她每天面对着母亲的那张冷脸,在无止境的辱骂声中洗衣做饭,承受着因母亲的职业所带来的来自同学邻居的冷眼与厌恶。昔日疼爱她的父亲如今哄着别的女孩入睡。父女相见,如同陌路行人,没有关心,没有慰问。易遥就那样淡淡地看着他匆忙拿钱打发自己,并且再三让她不要再来。她的心就那样一点一点凉下去,那对父爱的怀念终是彻底磨灭。

或许,对她而言,所谓的亲情根本就不存在吧……

亲情上缺失的易遥在友情上也是贫瘠的。知道她家庭情况的同学不愿和她接触,总是在她背后指指点点,校园里总是不断地更新着她的丑闻,整个校园里除了齐铭和顾森西没有人愿意与她交流。

后来易遥因大出血事件要被学校开除,令她没想到的是昔日冷酷无情的母亲为了她,放下一向不可一世的傲慢姿态,在众人面前缓缓跪下,用尊严换来了她的学习机会。当她在大街上大骂易遥时,易遥第一次看见了她的泪,也是第一次在她面前流泪。后来,母亲意外死亡,当她看见那装着钱的写着"遥遥的学费"的信封时，她才明白原来母亲是爱自己的，她所有的冷漠无情与刻薄，都是迫于生活。为了生活，她不得不让自己坚强起来。可当易遥读懂她时，一切都没有了意义……

后来她爱上了顾森西，齐铭也与顾森湘相恋。似乎一切都步入了正轨，但天意弄人——顾森湘的自杀打破了平静的生活，而易遥因为转发了一条短信，被顾森西和齐铭认为是凶手。“为什么死的不是你？”面对顾森西愤怒至极发出的质问，她所有的解释都显得苍白。“你去自首吧！”昔日最亲密的齐铭如今都不愿见她……悲愤至极的他们沉浸在失去亲人和恋人的悲痛中，没有想过，如今的易遥没有亲人，没有朋友，他们是她唯一的温暖，失去了他们，她就真的什么都没有了……

易遥站在天台上望着热闹的尘世，自己与其格格不入。纵身跃下的瞬间，她笑了，可眼角却有泪珠渗出。单薄的身影如一颗流星，在繁华的星空中匆匆划过。人间一遭，无限寂寥。

我想，她那微张的嘴，不是要说“对不起”，也不是要说“原谅我”，而是对着苍穹，绝望而又无助地想要嘶喊一句：“为什么？”

是啊，为什么别人拥有父母的疼爱与陪伴，而她只能羡慕？为什么别人拥有朋友之间的关怀体贴，而她只有无数的白眼？为什么大家都不喜欢她，都不相信她？到底是为什么？易遥躺在血泊中的画面定格在我的脑海中，我无法描述那一瞬间心中滋长出的情绪，铺天盖地的绝望与痛苦排山倒海般向我涌来……

明明该被父母捧在手心里，却孤身一人独自闯荡；明明该与好友嬉戏交谈，却承受着无数白眼；明明是花季年华，却寂寞陨落……

在她纵身跃下的刹那，我多么希望我能在她身边，拉住她，告诉她：“我相信你，留下来。”可是，我不在；我多么希望我能陪在她身边，在她寂寞的时候与她说说笑话，可是，我不在。我很难过，也很无奈，我“目睹”了她的孤独无依，却又无能为力。

为什么？

为什么那位倔强的母亲要将爱深深埋藏，永远以冷酷无情对待自己的孩子？她或许不会知道，自己的言行态度早已将母女关系置于冰点，女儿的心早已孤寂。都说家是温暖的港湾，给人以力量，但她给的这个家，只有冷漠，它是造成易遥陨落的一个重要原因。她或许会后悔吧，但那又有什么用呢？

我不明白，为什么同学会如此讨厌易遥？难道就是因为她母亲的职业吗？就是因为易遥走过的一些弯路吗？可是母亲的职业是迫于生存，与易遥无干。人总有犯错的时候，那是可以原谅的。为什么总把眼光停留在别人的过往呢？他们的冷漠、白眼、指指点点，无疑是一种冷暴力，将易遥推向亲情与友情的双重孤独。尤其是最后，连顾森西和齐铭都不愿再相信她，更是将她送向了绝望的深渊。

为什么会这样？明明他们每个人都匀出一点关怀，结局就不会如此，为什么要选择冷漠？

其实在现实生活中，也有很多这种现象。家长总是因为一些小事而训斥孩子，在生活中积压的怨气恰逢上孩子犯了错，便在不知不觉间迁怒孩子。在孩子看来，这是不公的，甚至是不配为人父母的，时间一长，会扭曲孩子对亲情的理解。

此外，生活中也不乏冷漠现象。多少行人对路边乞讨者视而不见，认为他们是骗子，却忽视了他们消瘦的身子和满面饥色？多少人将谣言越传越广，在受害人背后指指点点，带动周围的人疏远受害人，却不愿上前一步，与其交心，给予温暖？多少人在社会舆论与冷暴力中走向绝望？

每个人都渴望被爱，都希望世界对他温柔以待。

我们每个人都有一颗善良的心，都会感慨生命的流逝，都希望生命之花可以绚烂绽放。

如果我们每一个人都匀出一点爱，去关怀那些需要被爱的人，那么，欢乐的节日里，就不会有卖火柴的小女孩；热带的雨林里，就不会有皮包骨的小男孩；繁华的星空中，就不会有被冷落的夜流星……那样，悲伤就不会逆流成河。

愿你被世界温柔以待，自此阡陌多暖春。

——尾记

点评

作者以易遥为核心，围绕亲情和友情展开思考，通过对故事的叙述和追问表达自己的感受，写得丝丝入扣。同时也提出了自己的疑问。温暖、爱与冷漠，在生活中交织。作者在情节中反思自己，体现了阅读的情感投射，这是好的。好的阅读会触动我们的生活和心灵。

你心温柔，亦有力量

——读《漫步在青春的河畔》有感

◈学校：海宁市第一中学 ◈作者：姚香琳 ◈指导老师：沈娅妹

2019年1月23日，林清玄先生辞世，这个“温一壶月光下酒”的人，留下满满的温柔，离去。但他又如此深刻地留在每个人的心中。《漫步在青春的河畔》一书是先生留给少年们的一份极大的赠礼，他以质朴、温柔的文字，滋润了无数读者的心灵。

翻开书，那映入眼帘的“献给少年”四字，一时间便勾起了心头的温暖，我第一次知道，原来这短短的四个字，也能给予人极大的鼓舞。不知为何，这简简单单的四个字，就让我情不自禁地对这本书有了兴趣。看惯了被华丽词藻堆砌的文章，看惯了内容空洞无力的词句，我在林先生的书中感受到了久违的宁静与舒适。而合上书的那一刻，我真正地体会到林清玄先生是真心地用文章祝福每一个怀着梦想迈向远方的少年，就如先生曾说过：“我的写作，不只是在告诉人关于这人间的美丽，而是在唤起一些沉睡着的美丽的心。”

在如今这个时代，人人都分秒必争，但林先生不一样，他偏偏叫人“浪费时间”慢下来。这个万里挑一的有趣灵魂，可是上天对这浮躁人间的馈赠？有人说，先生的文字在这个时代早已过时，但在我看来，正是因为处在这纷纷扰扰的时代中，才更需要先生温柔、清雅的文字。先生的文字是寒日里的暖阳，是烈日下的清泉，是林间的鸟鸣，是曲径幽处的梵音。也许会有人认为我夸大其词，文字不可能有这么大的魅力，但文字的神秘本就不是可以轻易探究的。林清玄先生用最朴素的语言传达最真挚的道理，劝人豁达乐观。在读完这本书之后很长的一段时间里，先生那句“人生不如意之事十有八九，常想一二，不思八九，事事如意”仍时常在我脑海中浮现。我沉迷于先生的文字，沉迷于他的温柔，他说的每一句话，都让人如沐春风。

先生最令我赞赏的一点，是他对于生死的通透，他说："面对人生难以管理的生老病死，我们能以起承转合去寻找心灵的故乡，人总是有限制的，但有梦总是最美的。"先生以一颗平常心看待人间的疾苦，在自己有限的生命中寻找美好与纯真。书中后序写道："林清玄有一天一定会死，但我会保证一颗乐观的心。假如晚上会死，早上我会在写作。我的书会和你们相伴。"这简单又毫无修饰的话却不知震撼了多少人。先生是真的将写作融入了他的生命中。他将文字放于山水田园，用如清风般温和的口吻唤醒了沉睡的心。他担得起"当代散文八大家之一"这一称号。他简单干净、略带禅意的文字将永远是世间的春天。

"温柔半两，从容一生"这句话想必是对先生最好的诠释。他的文字与人品都是清淡如茗，他的华章，又清欢了多少少年。曾经他自嘲自况、自期自许——"今日踽踽独行，他日化蝶归去"，如今，那画上的黑色毛毛虫果真蜕变成了一只彩蝶，飞向他所向往的青春的原野、蓝色的天空和那诗歌与彩虹的国度。从今往后，夕阳日出的云霞是先生的笔墨，夜里闪亮的明星是先生的字符，而这无际的山川河流尽是先生的纸稿。

循着先生的步伐，我看到他的最后一条微博，他写道："在穿过林间的时候，我觉得麻雀的死亡带给我一些启示，我们虽然在尘网中生活，但永远不要失去想飞的心，不要忘记飞翔的姿势。"我想，先生是想在最后告诉我们少年——要永怀梦想，不忘初心，砥砺前行。

温柔的人终是温柔地死去，但他的文字永垂不朽。最后，千万句敬仰终化为一句"天寒露重，望君保重"！

谨以此文致敬林清玄先生。

点评

《漫步在青春的河畔》是林清玄先生生前专门写给少年的书。这无疑是一本质朴、温柔的好书。记得初次领略林先生曼妙文字的时候，我也还是少年。一篇《温一壶月光下酒》很是惊艳。读好的文学作品，往往能感受到作者浸润其中的英气和才气。可贵的是本文作者以崇敬之情，以对话口吻细品林清玄，进而写出对他文字的感受，行文如师友对谈，清朗散淡，读来非常惬意。

年华易逝，珍惜当下

——读《我们仨》有感

◈学校：桐乡市高级中学 ◈作者：蒋 译 ◈指导老师：沈奕玲

世间好物不坚牢，彩云易散琉璃脆。

正如划过夜空的流星，绚烂却短暂，又在短暂中抵达永恒。人的一生就是不断告别的一生，唯有在拥有时好好珍惜，才能在逝去时放下执念，明白——往者不可留，逝者不可追。

然而，倘若没有初心，我们怕是连自己都留不住。太多繁华的霓虹灯，太多璀璨的烟火，太多的热歌热舞，往往迷惑了我们的初心，使我们忘了采菊东篱下的乐趣，忘了巴山夜雨中深藏的思念，也忘了长风破浪的豪迈与勇敢。可是，一味沉溺于灯红酒绿的生活，只会让我们变得麻木，不知道未来的意义何在。从某种意义上来说，这反而是最糟糕的结局。

而在我眼中，初心不只是理想，不只是“性本善”，更是家。

家，很朴素；我们三个人，很单纯。

《我们仨》这本书，杨绛先生以淡雅的笔调回忆了她与丈夫钱锺书、女儿钱媛的往事。虽然都是日常琐事，但并不枯燥无味，而像一首娓娓唱来的曲子，静静聆听便能发现它的韵味所在。有人用“宠辱不惊”这个词来形容她，的确，面对寒来暑往、世态炎凉，杨绛都能平静地面对。就像一块巨大的石头，无论风吹雨打，都能岿然不动、淡定从容。

通过读《我们仨》，我对“家”这个字眼有了全新的认识，对家也倍感依恋。“我清醒地看到以前当作‘我们家’的寓所，只是旅途上的客栈而已。家在哪里，我不知道，我还在寻觅归途。”是啊，有人才有家。家不是一个房子，而是有亲人有爱的地方。家，是能够让我们卸下伪装去舔伤，是在我们看清世界真相后仍然眷恋的地方啊！

何为珍惜？如何珍惜？

须感恩爱之深沉。在当年汶川大地震中，一位母亲在房屋倒塌的瞬间，用身躯护住自己三四个月大的孩子。当救援人员发现时，母亲已经停止了呼吸，怀里的女婴毫发无伤地处在睡梦中，婴儿的被子里有部手机，上面有条编辑好的短信："亲爱的宝贝，如果你能活下去，一定要记住我爱你。"这份爱超越了生死，是人间最伟大的爱。

须知爱意难舍。台湾作家龙应台在《孩子你慢慢来》中写道："妈妈的眼睛，还兀自盯着那扇看不出有多么深邃、说不出有多么遥远的门，看着看着，看得眼睛都模糊了。"随着孩子的成长，孩子终有一天会离开父母，去勇闯自己的一片天地。不舍的爱与牵挂，是亲情中最疼的部分。

须及时行孝。世界武术大师李小龙，当他终于成为誉满全球的功夫巨星，有能力去照顾家人的时候，父亲突然因病去世了。他回到香港后，把自己锁在房间里，在纸上写了很多东西，又揉成一团扔掉。后来有人捡了起来，每张纸上都写着"子欲养而亲不待"。人生最怕的，莫过于"树欲静而风不止，子欲养而亲不待"。或许我们不能做到如古人怀橘遗亲或卧冰求鲤，但趁着现在我们还能与父母相见，那便尽己所能将孝心付诸实践，珍重再珍重，让这离别，落得更慢一点。

杨绛先生在这部书中常常分不清现实和梦境，令人陶醉，也引人思考。想想看，人生不就像一场梦吗？世间好物不坚牢，彩云易散琉璃脆。年华的易逝，令人慨叹的不仅是青春，还有亲情，离散分合，让人明白何为珍惜。哪怕终会分别，也能说一句：还好有我们仨，幸好是我们仨，感谢我们仨，无悔我们仨。

点评

作者以杨绛先生的《我们仨》为触发点，阐述了自己对家的理解。开头部分的语言很漂亮，充满诗情画意，作者沉浸在语言的挥洒中，切入正题略晚了些。对《我们仨》回顾得过于简单，很快过渡到关于亲情、孝心的阐述中，毕竟是谈对这本书的感受，所以建议多花一点笔墨在这上。

破心中之贼，予世间微光

——读《解忧杂货店》有感

◈学校：北京师范大学附属嘉兴南湖高级中学 ◈作者：王雅欣 ◈指导老师：程林

三个小偷撞开了杂货铺，本应坠入深渊的他们，却觅见“破心中之贼”的路途。

正如王夫之所说：“破山中之贼易，破心中之贼难。”对于三个小偷来说，欲望便是他们难破的心中之贼。他们在杂货铺开启了时空隧道，打通了过去和现在，在接收过去的信件中，最终帮助了别人，也打破了心中的欲望，选择了自首。

然而，现实生活中的我们并非都如此幸运，能遇到人来倾听我们的烦恼。其实对于世事种种，我们内心往往都有自己的答案，只是缺乏肯定的声音，此时我们该如何选择，如何破“心中之贼”？现代的快节奏生活让时光变得匆忙，心灵也蒙上了“悸动”的尘埃。对于大多数行色匆匆的人来说，虽活着却似“苟延残喘”，又怎么会想方设法地成全别人的“诗和远方”？因此，在大多数时候，我们更需要找到自己的那缕肯定的声音。

生活纵使多有困苦，但是希望却犹如夜里璀璨的星光。越是身处黑暗，越是要坚定自己的选择。只有身处黑暗，才能看见最亮的闪闪星辰，才能结识那些陪伴你一路荆棘的耀眼之星。

在帮助别人的过程中，需要知道你帮助的人是否聆听你给的建议。结局其实并没有那么重要。纵使生命的湍流会冰冷地冲走仅有的一丝善意，你也要努力从自己开始，破掉心中之贼，将自己的善意坚持到底。

虽然在快节奏下生活的我们也会彷徨忧虑，但也要像翔太他们那样，用尽全力，想尽办法，尽己所能地帮助他人。即使倾诉者并不会因此改变想法，也要践行自己的那份善意，给予世界自己所能发出的那份微光。

就如史铁生曾说：“人的生命就像这琴弦，拉紧了才能弹好，弹好了就够了。”

那么，突破内心，就像那双有力的手，为我们拉紧生命的琴弦，助我们奏响生命的最强音。

小偷打破了心中的欲望，选择了自首；倾诉者坚定了自己的选择，而非全都是依靠他人；倾听者更是将自己的那份善意坚持到底。他们都获得了“新生”。

如果大家都破了“心中之贼”，那么人类世界也会因为我们给予的微光而拉紧琴弦，奏响最强音。

点评

作者选择了《解忧杂货店》一书，从王阳明的“破心中之贼难”讲开来，很有意思。日本人对王阳明是很崇拜的，也许对他的思想也不陌生。值得我们思考的是小偷到底偷什么，是具体的物品还是自己的善良本性？人性中的欲望，包括贪婪，是否能被救赎？作者给了我们一些启示。

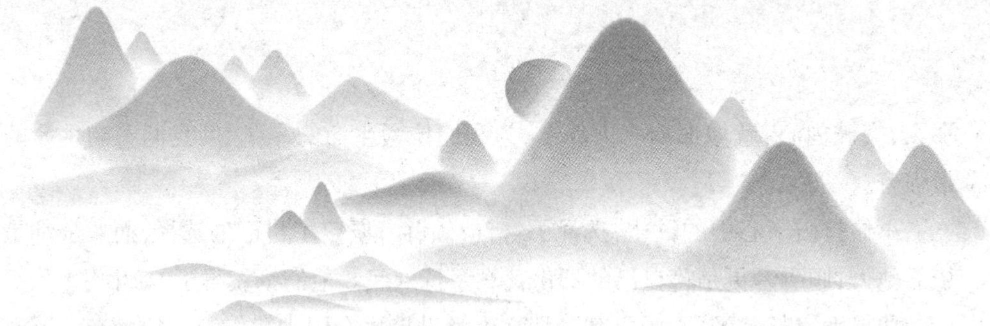

请原谅我……

——读《小王子》有感

◈学校:桐乡市高级中学 ◈作者:卫　祎 ◈指导老师:胡英姿

“少年不识愁滋味,爱上层楼。爱上层楼,为赋新词强说愁。”几年前的课堂上,我学到了《丑奴儿·书博山道中壁》这首词,并自以为读懂了这首词——在我这个年纪,“愁”就像是江南的梅雨,就像是夜夜低吟的树叶沙沙声,就像——我的影子。而理智又告诉我:这,不是“愁”。

你想啊,我不曾远行,也就不曾与故乡、与亲友长久分别;我不曾深爱,也就不曾为谁消得人憔悴;我不曾与死神亲吻,也就不曾真正看淡生死。而“愁”,总离不开生离,离不开死别,离不开爱恨,离不开家国大义。

我啊,其实什么都不曾看破。因为不曾看破什么,我只能低下骄傲的头颅,重新翻开这本我自以为“最爱”的书——《小王子》。两个小时毫不停歇,我再一次见到了这位全世界最可爱的小王子。大人们只喜欢数字,我只喜欢亮眼的分数——原本二者就没有分别啊!

差一点儿就忘记了第一次读《小王子》是六年前,我没有感动于玫瑰与小王子的爱情,没有感动于小王子与狐狸、与飞行员的“驯养”关系,没有感动于沙漠中那条黄蛇的仁慈——读完之后,我一无所获。可是,“小王子”这三个字刻在了我的记忆里。我一直都感到奇怪,为什么那时我什么都没有看懂,却情愿放弃与朋友玩耍的机会,读完了这本在那时完全没有打动我的书?

重读《小王子》是为了寻找这个困扰我多年的问题的答案。可是,三年前的重读,我依着人云亦云的情形,只是在那句“真正本质的东西,肉眼是看不清的”出现在我面前时,报之以微笑。“嗯,读完了。这真的是一本好书。我大概最爱读的就是它了。”三年前的我,在我的世界里演着独角戏。少年老成,并以之为荣。

现在，我用批判的眼光审视过去的自己，又只是另一场“自我醒悟”的独角戏。我的确不曾看破什么，在那最没有主见的三年前，我妄下定论：大概最爱读的就是《小王子》。而后，随着时间的流逝，我的影子越拉越长，阴影吞噬掉了“大概”这两个字。影子越拉越长，忧愁也越来越像真的；有的时候，江南的梅雨已经过了，我的忧伤却持续到了海边台风刮起之时。“你知道的，一个人在伤心的时候，总爱看日落。”为什么我会在那时自以为爱上了《小王子》这本书呢？因为它教会了我诗意地与忧伤做伴啊！我爱看日落了。伤心太久，日落却只能一天看一次。我便总借着日落时分天地间最后的一片金黄，想起风吹麦浪的声音，想起那个有着麦浪颜色的头发的孩子。可是，我只是为了缓解忧伤，而不是为了与小王子相识。

请原谅我花了三年时间明白过来：自以为的“最爱”，很可能是最危险的“不爱”。

请原谅我写了这么多云里雾里的话，只为了说明：我不曾看破什么，更不曾真正爱上《小王子》。

“而今识尽愁滋味，欲说还休。欲说还休，却道天凉好个秋。”几年前学过的这首词，我震惊于作者在真正邂逅忧愁后的“嚼烂并吞入肚里”。我这个年纪浮云般的“愁”都把我骗得忘记微笑，把我忽悠得自以为长大而可以立地顶天，把我对“爱”与“不爱”的界限搞混，辛弃疾怎么可以在真正的忧愁重负下，说出“天凉好个秋”呢？

这三年来，我以为这是成年人的“应该这么做”，并因此要求自己也进行尝试。我在眼泪要落下时抬头，眼泪是不会流下来了，本来是“矫揉造作”的忧愁，却变得煞有介事了。我有太多的苦水要倾诉，就紧闭双唇，报父母以微笑，父母报我以宽慰的笑容，我的肚子却快要爆炸了。“天凉好个秋”的境界，又岂是我可以轻松参破的？自然，这是成年人的坚强——而在这基本的坚强之外呢？又或者，这真的是成年人才有的坚强吗？

昨天，伴随着室友的熟睡，我再一次目睹了小王子在非洲沙漠中的消失。风沙依旧在，几百万年来都在；玫瑰花依旧长着刺，几百万年来都假装着不怕老虎；大人们依旧在干正经事，几百万年来都不理解孩子。小王子也有伤心的时候啊！而他的伤心，我完全可以把它看作真正的忧愁。

他伤心于自己对玫瑰花的爱明白得太晚，这不是深爱吗？他伤心于自己离开B-612号小行星太久太久，这不是生离吗？他伤心于自己与狐狸、飞行员的分别，而且是永别，这不正相当于死别吗？

生离，死别，爱恨，乃至他身为自己星球上的“王子”必须担当的家国大义，他都承受了啊！

可是，他只是在某一天，看了四十三次日落。

别人用来承担真正的忧愁的方式，却被我用来疏解可能连“苦闷”都称不上的忧伤。我可真是那个为了当国王而当国王的国王，真是那个为了只听到夸奖而西装革履的家伙，真是那个为了忘记耻辱而整日喝酒的醉汉，真是那个一无所知的地理学家，真是那个一无所获的商人。

也许，小王子一眼就看出了我已经是个披着小孩子外壳的大人，所以对我的冷漠不以为意。而大人总是很奇怪——总是希望小孩子对自己表现出好感，最好是崇拜。如果小孩子满不在乎地跑开了，有些大人还会追过去硬抱那个孩子呢！这样一来，我又不幸地知道了我自以为“最爱”读《小王子》的另一个原因。这个原因的杀伤力太大。我明明希望像彼得·潘一样永远长不大，我明明那么厌恶大人的世界，我却在三年里学会了把所有忧伤憋在心里——自以为像个成熟的大人那样处理了问题。

请原谅我前后说的话如此不一致。如果你无法理解“小大人”的世界，那就请原谅我这个“小大人”，这些话本就是出于私心写给其他“小大人”的，不是写给你的。这个“小大人”啊，希望在天空某颗星星上的小王子可以看到这些话，重新喜欢上这个披着孩子外壳的大人。

我希望这一次，我是真正地读了《小王子》。今天的日落早已结束，我没有替小王子去看——我想，我的忧伤中有太多对亮眼的分数的执念了，日落时的太阳光也很耀眼——光线直射到这份执念上，我会受伤的吧。

请原谅我用两个小时的时间，明白过来：自以为的“最爱”，可能是最危险的“不爱”，更可能是最纯洁的“深爱”——哪有那么多的人和事，够让自己以为“爱上”呢？在“以为”的那一刻，打动是万分真切的。

请原谅我差点忘记：六年前，三年前，昨天，我读《小王子》的时候，总是平静地笑着，即使是忧伤、忧愁的时刻，即使小王子大声讨论“最重要的事”到底是什么，然后哭了好久，好久……

请原谅我把这“平静地笑”当成我人生中第一次“却道天凉好个秋”。

请原谅我，肉麻地说出：我最爱读的，是《小王子》。

点评

经典是值得反复读的，每次读都会因读的人人生经历的变化而产生不同的感受。作者三读《小王子》就是一段心灵的进化史，从“大概最爱读”到“我最爱读”，从貌似被打动到真正被打动，从读了以后“平静地笑”到“哭了好久”，读懂这本书的时候他便长大了，因为他为这成长付出了代价。

书海采珍

读书绝不是要使我们“散心消遣”，倒是要使我们集中心智；不是要用虚假的慰藉来麻痹我们，使我们对无意义的人生视而不见，而是正好相反，要帮助我们将自己的人生变得越来越充实、高尚，越来越有意义。

——黑　塞

热爱我的热爱

——致李娟

◈学校:嘉兴市第一中学 ◈作者:周书怡 ◈指导老师:李静芸

亲爱的李娟阿姨:

启信安康。

“它的寂静,是荒野全部的寂静浓缩后唯一的一滴。它的隐蔽,是世界之空旷敞亮的唯一源头。”

我翻开了你的新书《遥远的向日葵地》。灰尘在阳光里舞动,大摇大摆,落在书中一页插图上——土色的大地上勾勒出一道深壑,水很浑浊。天蓝得纯净,云很低。原来这才是你生活的地方,没有传奇,只有荒芜。看着大地上零零落落的生活用品,我在想,何为热爱?

我想,你母亲给出了一张满分答卷。她背着无数行李,冒雪而来,行李里有两棵小松树的树干,让你用来晾衣服,却丝毫不提把它们带来阿勒泰的艰辛,她和千千万万的母亲一样,爱你如爱自己的生命。其实我一直很敬佩你母亲,种的第一批葵花全被鹅喉羚糟蹋了,几乎颗粒无收,她依然怒着种下第二批、第三批。你说,所谓“希望”,就是付出努力有可能比完全放弃强一点点。我的生活中也常会遇到这样那样的困境,也许是成绩迟迟没有起色,也许是身边的人无法理解自己,但那又怎样,付出努力总比完全放弃强。

你母亲的勤劳乐观,也源于对大地的热爱。虽然你的文字幽默又轻松,但我也能从字里行间读出你对环境的担忧和对生存的疑惑。大自然是伟大的却也是脆弱微渺的,母亲和边地的劳动人民坚韧辛劳,是对这片土地的诚恳。我们应当明白,丰收是大地的赞礼,人是大地的产物,对大自然的真诚就是热爱。

而对你来说,你的热爱来源于文字,书写是你的耕种方式,文字是你的粮食。

我也和你一样热爱写作，我多希望能记录下生活的酸甜苦辣，让所有难以用笨拙的嘴巴表达出来的情感都倾泻在白纸黑字之上；更贪心些，那就是希望有人能为我的文字而心动，看到另一隅的我。我也不断地为自己的小小梦想着色，但也曾有过迷失的时候。在这个用分数说话的学习环境中，我渐渐为了能让自己的语文试卷上打上一个好看的分数，写作文时少了些真情实感，多了些模板的影子。有一天，我偶然翻了翻这本书，看到了你的后记，你说："向日葵有美好的形象和美好的象征，在很多时候，总是与激情和勇气有关。我写的时候，也想往这方面靠。可是向日葵不同意。种子时的向日葵，秧苗时的向日葵，刚刚分杈的向日葵，开花的向日葵，结籽的向日葵，向日葵最后残余的杆株和油渣——它们统统都不同意。……所有人只热衷于捕捉向日葵金色的辉煌瞬间，无人在意金色之外的来龙去脉。"而你写的，就是它的来龙去脉，而我甘之如饴。

所以我开始明白，其实文字的魅力本就在于它的真诚，就像三毛一样，当老师让她和她的同学来谈谈自己的梦想时，同学们都说想当老师、医生、科学家，而她站起来告诉老师，我想做捡破烂的，结果被暴怒的老师用粉笔砸了鼻头。但她仍把这个小小的梦想写下来，告诉所有人，拾荒就是我的梦想。这就是真诚。再高尚的幸福，不是发自内心的，那就不是我的幸福；再微小的幸福，哪怕只是一口牛肉面的汤底，那也是我的幸福。只有我敞开心扉拿起手中的笔，我才能感受到热爱带给我的快乐。

合上书，封面上的大片大片的向日葵地的油画出现在眼前，火红色的彩霞染遍天空，草绿色和鹅黄色的颜料肆意燃烧，舞得疯癫。

每个人都有属于自己的小小的热爱，向日葵热爱火红的天空，农民热爱赖以生存的土地，你热爱你笔下的生活。而我，热爱这个明媚的世界，热爱脚下的土地，热爱身边每一个人。

心的跳动，就是热爱。

祝身体健康，热爱永存！

你最忠实的小读者

2020年8月27日

点评

作者没有采用常规的方式来写读后感,而是用书信的方式来表达对李娟及其作品的热爱。美丽的文字透露出这位同学对写作的热爱,真诚的表达把我们引领进李娟所执着的土地,情感渗透在文字中,跳动的是文字的魅力。

书海采珍

读得很快,而不记住。书要都叫我记住,还要书干吗?书应该记住自己。对我,最讨厌的发问是:"那个典故是哪儿?""那句书是怎么来着?"我永远不回答这样的考问,即使我记得。我又不是印刷机器养的,管你这一套!

——老　舍

人道是，清光更多

——读《月亮与六便士》有感

◈学校：嘉兴外国语学校 ◈作者：何季筱 ◈指导老师：何小亮

毫无疑问，在小说里，毛姆把斯特里克兰的形象刻画得复杂生动。他抛弃家庭，对朋友嗤之以鼻，对感情更是不屑一顾。奇怪的是，这样一个飞扬跋扈的人物，施特罗夫却拥护他，对他近乎痴狂。

斯特里克兰是毛姆以保罗·高更为原型刻画而成的，他一生热爱南太平洋热带岛屿，最终在那里结束自己的生命。他正是一个放弃平凡追求理想的人，他对艺术的痴狂，是他所吸引人的地方。人们欣赏他对理想的自我陶醉，在现实中大多数人在理想和现实冲突时，会选择接受现实并苟且而活，而内心始终放不下那个月亮，兜兜转转，走走停停便是一生的错过，所以人们极力追捧他。如果说斯特里克兰是月亮，那施特罗夫更像六便士，甘愿做配角，用自己的善良去取悦别人，淳朴、老实、有趣。他似乎早已习惯这个模式。在经历人情冷暖之后选择默默退出。相对于斯特里克兰的孤傲清冷，施特罗夫显得亲近舒服，没有什么斑斑劣迹，没有过多的情绪。这样的配角折射出大多数人的人生。

而令我印象深刻的是那句："我那时还不了解人性多么矛盾，我不知道真挚中含有多少做作，高尚中蕴藏多少卑鄙，或许，在邪恶里也找得着美德。"人性的弱点和矛盾在现实面前一览无余，或许斯特里克兰才是那个看得最清的人，他明白真挚里的做作而选择逃离，他懂得高尚中的卑鄙而选择执意。

或许艺术与生活是冲突的，二十世纪的欧洲艺术需要思想解放，而生活需要平淡，毛姆看到了，于是《月亮与六便士》应运而生。

生存还是毁灭？哈姆雷特困惑了；月亮还是六便士？斯特里克兰思考着。卑微和高尚，渺小与伟大，它们是复杂的选择，我们不能因为高尚而唾弃卑微，不能因为伟大而忘记渺小,我们是可塑的,是年轻的,也是易碎的。斯特里克兰是梦想的,是现实的,也是艺术的。毛姆应该是浪漫的。

毛姆没有告诉我们要追求月亮,因为六便士同样重要。理想和现实可以平衡,这是我对整本书的认识。我们每天都会看到很多事情,能记住的却很少,就像斯特里克兰一样,能倾其所有的人很少。

有人为生计,有人为权利,有人为和平。在这个"网红"遍地的时代,我们的书架里还有一本或者很多本毛姆的小说,因为他的文字是动人的,能表现出那种呼之欲出的渴望。"人生有两宝,一是思想自由,二是行动自由。"我想大概还有第三种自由——选择自由,牧羊少年选择炼金,茶花女选择贞洁,海子选择面朝大海。大大小小的人有许许多多的选择。

"粗粝能甘,必是有为之士;纷华不染,方称杰出之人。"毫无疑问,斯特里克兰是杰出的。最好的状态大概是斯特里克兰和施特罗夫的结合,谁能说他们在心里不曾暗暗羡慕对方呢?不过是脚下的六便士更清晰或是头顶的月亮更耀眼罢了。

点评

作者将斯特里克兰和施特罗夫对举分析,在历史背景和艺术世界间比较、欣赏。作者思维开阔、灵活,能在现实和艺术的比较中鉴赏品评作品。作者还将毛姆的《月亮与六便士》与生活现实相比较,发现新东西。上述三个比较,构筑了这篇文章的框架结构,也展现了作者的思维水平。

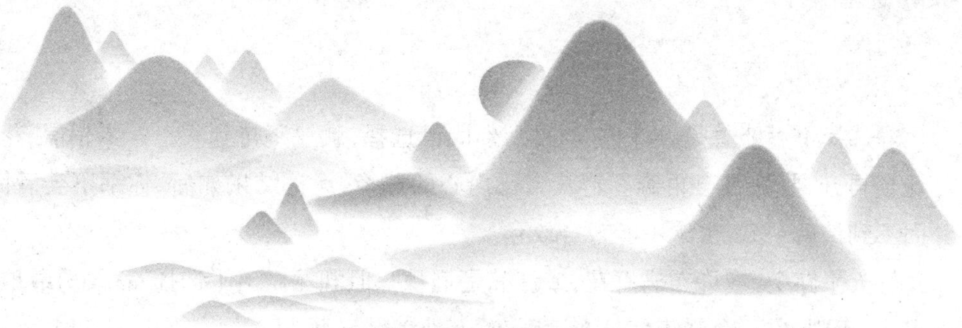

人生的选择

——《解忧杂货店》读后感

◈学校:北京师范大学附属嘉兴南湖高级中学 ◈作者:王宇晨 ◈指导老师:郑菊芬

人生是一场长途跋涉,没有人知道未来会发生什么。从呱呱坠地到牙牙学语,离开海市蜃楼般的童话王国,我们一点一点地扎根到了现实的土地中,开始了人生的选择。

故事开始于幸平、翔太、敦也三个人的逃亡。他们因偷窃藏身于一家废弃已久的杂货店。卷帘门后的牛奶箱,承载着一封封穿越时空的信。这些带着困惑的书信让他们如同坐上了哆啦A梦的时光机,既通往过去,又指向未来,同时也交织着不同过客的人生经历。生命中的一次偶然交会却演绎出截然不同的人生。

快乐的人不是没烦恼,而是不被烦恼左右。站在人生的岔路口上,没有谁能事先预知未来。我们该如何选择?面临家庭的巨变,是该守护亲情,还是着眼于未来,摆脱逃亡生活,争取更好的明天?男大学生为了音乐梦想离家漂泊,却在现实中寸步难行,他该继续坚持自己的梦想,静待花开,还是接替父亲的鱼店,过平淡的安稳日子?

人生就是如此,每一个踏上征程的人,都将面临无数个十字路口。宽阔的大道总会延伸出狭窄的小路,而每一条小路都会指向景色不同的地方,每一种景色都昭示着涉足者的命运。正因每个人不同的选择,世界才变得绚烂多姿。

鱼和熊掌不可兼得,有得必有失。钱学森毅然放弃了国外优渥的生活和丰厚的待遇,选择回归祖国,为祖国服务,为新中国的发展做出巨大的贡献,实现了人生的价值;孟子面对生与义的抉择,主张舍生取义,为后人称颂,影响着当今社会的价值观;而今天,在新冠肺炎疫情暴发之际,成千上万的医务工作者舍小家为大家,投身于抗疫的第一线,做出了无悔的人生选择。

选择不可能总是顺遂你的心愿,但既已选择,就要坚持到底。你要相信,花谢花会再开,月缺月会再圆。遵从自己内心的选择,无论结果如何,你都不会后悔;而不到最后一刻,也绝不能轻言放弃。

人生路上,或许布满鲜花,或许满是荆棘。但既然做出了选择,就要勇敢地走下去,否则,你不会知道何处布满鲜花,何处满是荆棘。

既然选择了远方,就不要后悔犹豫,大步向前走,迎接风雨。

点评

《解忧杂货店》的读者可谓众多。而在这些读者中,高中生的思维已显理性和丰盈了。他们渐渐理解了生活的多面性和错综复杂,对人生选择的欢乐与痛苦也有深入的理解。作者由书中的故事生发开去,没有拘泥于故事本身,旁征博引,思维开阔。行文纵横捭阖,语言也生动优美。

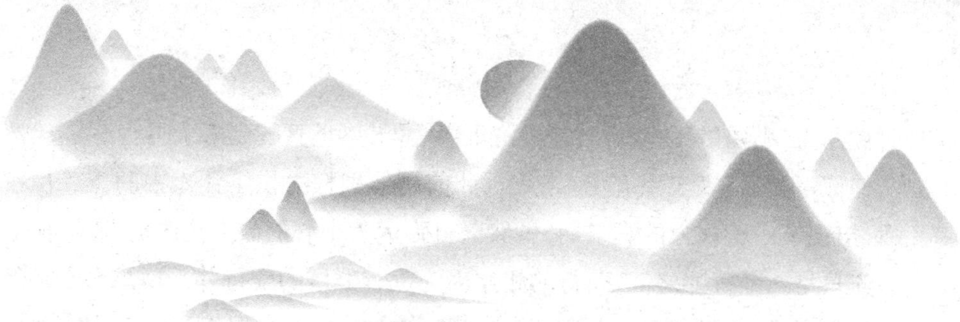

盛世一梦

——读《南宋行暮》有感

◈学校:桐乡市高级中学 ◈作者:钟昊阳 ◈指导老师:孔卫予

南宋宁宗开禧三年十一月三日,五更的钟声在临安的街头拖着长调潜入淡薄的黑夜。一身酒气的韩侂胄迷迷糊糊地赶去上朝,他躺在车中,胡乱地思考着刚刚鹰犬周筠对自己的警告。随着宋金战争的失利,韩侂胄听到关于他的流言也愈加恶毒,但是平日里他有颐指气使的权力,加上酒精的麻痹作用,他并没有因为这些“鬼话”而停止赶去上朝。此时的临安城依旧静悄悄,大多数百姓依然在睡梦中,巡逻的队伍漫不经心地走过街头;与此同时,一队禁军装束的士兵神色匆匆地出现在韩侂胄的坐车面前,一场政变开始了。

韩侂胄探出头来,看见面前的禁军,他敏锐地意识到这是针对他的行动,恐惧立马令他从酒精中清醒过来。领头的是护圣步军准备将夏挺,他拿出御笔对韩侂胄喊道:“太师罢平章事,即日押出京城!”韩侂胄的意识模糊了一下,平日里被他窃取的御笔怎会由他人发出?当韩侂胄惊慌疑惑之时,另一位禁军将领郑发率领的三百精兵与夏挺会合,他们一同将韩侂胄拖至玉津园的夹墙之间。此时的当朝太师、平章军国事、平原郡王韩侂胄早已没有了当年发动北伐时的豪莽,他颤抖着坐在地上,意识完全混乱了,根本不明白御笔到底是谁签发的。难道是杨皇后?但是杨皇后与史弥远不会让他再思考了。夏挺一鞭使韩侂胄毙命,随即匆匆向史弥远汇报。

不久,韩侂胄的死讯从朝中传入宫中,从宫中传入民间。整个临安城歌舞升平,边疆皆鸣金收兵。庙堂之上氛围轻松,缙绅大夫欢送瘟神一样迎接韩侂胄的死讯。随即,针对韩侂胄党羽的清洗迅速展开。在漫长的和谈后,宋廷总算屈辱地结束了战争,宋宁宗下诏广开言路,平反昭雪。整个国家似乎重回正轨,开始了当时被称为“小元祐”的战后政治经济重建。但,盛世真的到来了吗?

韩侂胄死后,宋宁宗开始“亲政”,此前是他把权力拱手让出去的。一位权臣死后,出现了一段权力的真空期,虽然以史弥远为中心的政变集团成功了,但史弥远原先只是六部侍郎之一,获得的相位因为没有群臣的支持并不稳固。于是部分权力重新回流到了宁宗,以宁宗的亲政为标志的“嘉定更化”开始。宁宗亲政之后的第一件事便是放开舆论,在宁宗好几封诏书的影响下,此前还在忌惮政变而观望的群臣终于被打动了。在君主制观念的影响下,宁宗是不用为出现一个权臣而负责的,他决心更化的念头还被臣子多多少少认为是人君圣德的表现。于是大臣们又活跃了起来,并出现了许多高质量的奏章。与此同时,清洗与平反继续深入,曾经的庆元党禁被全面批判。其中最具标志性的事件便是追谥朱熹。宋金战争结束后,边境的恢复生产也在继续,打击贪腐也比以往更努力。单从表面来看,宁宗主持下的更化似乎颇有重回盛世的气象,但是实际的效果却不怎么样。例如劾韩主力、颇有正义感的右司谏王居安,以及倪思、傅伯成等大量言官相继在史弥远的打压下被罢官革职。号称亲政的宁宗却无动于衷,懵然无知。由于他的端拱渊默与缺乏主见,权力慢慢过渡到了史弥远手上,部分睿智的臣子马上看出了又一个韩侂胄即将出现,于是激切地向宁宗建议以及含蓄地表示不可让史弥远窃主威权。可是宁宗依然只是不痛不痒地说几句“知道了”,却没有什么实际动作。在看清楚宁宗的不作为之后,史弥远的行动开始了。史弥远与政变联盟中的皇后与太子密切合作,利用台谏和御笔将政变集团中的钱象祖、卫泾清理出去,总算是牢牢把握了权力,成为独相。不过,在史弥远拜相仅仅一个月后,历史给了宁宗一个绝佳的机遇:史弥远的母亲去世了,他不得不守制二十七个月。如果宁宗稍有点统治术,他完全可以趁这个机会堵死史弥远,夺回权力,来一次名副其实的嘉定更化,可是宁宗木讷不慧,就如孩提般离不开史弥远这个保姆。随着史弥远守制几个月后被宁宗夺情起复,这所谓的更化也彻底终结了。

在这段韩诛史起的动荡日子里,最令人印象深刻的便是宁宗的胆怯。也正是权臣把握朝政的恶性循环,南宋跌进了衰弱。在史弥远掌权的后十几年,南宋的顽疾越发严重,社会动荡,庙堂腐败,文化保守,经济失控。有不少经济学家以及史学家曾毫不吝啬地给予宋朝赞美之词,认为其经济世界第一,贸易发达繁荣,一派盛世的样子。不过这样的描述并不能概括宋朝的全部,在南宋光宗、宁宗时代,这样的景象不复存在了,取而代之的则是哀号遍地、人相食、饥民暴动的惨状。在天灾人祸的影响下,甚至爆发了军队与流民的起义;同时,宋朝引以为傲的经济也出现了大问题:随着纸币的贬值,经济秩序开始混乱不堪,官员的无能腐败加重了这个问题,而朝廷却束手无策,想不出应对的办法。从更宏大的世界角度看,蒙古铁骑所向披靡,宋朝幸亏有金朝作为地理缓冲,还有较长的一段休养的时间。可是庙堂却在这中原变局之前仍然无所作为,军队士气低下,战斗力相当低下,宋朝领先的科技也没有实际转化为有效的武器装备。在蒙古铁骑的阴影下,统治阶级却是一副安逸快活的样子,生活极其奢靡。当然,经济的进步会带来享受,但是当享受之风蔓延开来并且腐化了官员的思想以及行动力之时,这就成了很大的问题。时人便愤愤地写下"直把杭州作汴州"来讽刺庙堂的无能。

美国汉学家司徒琳曾创造性地把贯穿明代的问题总结为"臣子如何辅弼皇帝"和"文武矛盾"两个问题。现在看来,这两个问题也适用南宋。第二个文武之间的矛盾倒是因为宋太祖以牺牲效率的办法从而减弱了很多,但是第一个辅弼皇帝的问题却相当突出。南宋一朝总是缺乏储君,甚至少有稍有能力的君主。除高宗、孝宗外,日后的几位皇帝能力总是令人不满意,他们的作为也令时人以及后人扼腕叹息。宋光宗因为后来的精神疾病催生了韩侂胄的野心,宋宁宗因为自己的软弱造就了韩侂胄与史弥远的独裁,唯一想有所作为的宋理宗因为史弥远的权势不得不放弃了自己的理想,被迫屈服于现实,将权力交给史弥远,后来又转让给贾似道。而宋度宗干脆自暴自弃,沉迷犬马声色不理朝政。后面便是亡国三少帝,已经算不上完整国家的真正君主了。

由于君主的昏聩颛庸,南宋的臣子深深纠结于如何辅弼皇帝的问题。我们姑且不论北宋,单说南宋。这个问题产生于光宗朝的后期,由于疾病的困扰,光宗性格大变,无法正常地理政,并且和太上皇的关系也出现裂缝。因此,士大夫中的"理想主义"与"现实主义"两派开始激烈交锋。不过很有趣的是,在光宗的过宫事件中,双方都赞同迎立新的皇帝即宋宁宗。在一般的辅弼问题上,臣子纠结于君主的无能或者暴戾,并各自通过"理想"与"现实"两种手段帮助皇帝完成最基本的统治。但是光宗患有无法医治的疾病,可能令各方都认为无法通过和平纠正或者教导来恢复人主的权威统治。在宋宁宗继位后不久,"理想主义"与"现实主义"真正的对立才开始。由于皇帝刚刚继位,饱受无法辅弼光宗之苦的大臣们马上活动了起来。于是以赵汝愚为政治领袖,朱熹为精神领袖的庆元革新开始。虽然这次改革并没有像王安石变法那样宏大,但是却和王安石变法一样引起了激烈的党争。以革新派为代表的"理想主义"大臣立刻想要实践自己的理想,通过自己的努力与辅弼让宁宗成为一代明主。朱熹甚至夸张地想要令宁宗超越历代君主,"致君于尧舜之上”,“卓然为万世帝王之标准”。不过这次革新十分短暂,很快被韩侂胄所打败,成了韩侂胄掌权的垫脚石。很难说韩侂胄是出于“现实主义”考量而与革新派不相容,导致决裂,因为他的动机完全是出于个人的野心和对权力的渴望。韩侂胄日后对道学的打击也不是出于他对道学理想主义的厌恶,很大程度上是为了政治的考虑。而韩侂胄在打败赵汝愚时利用的台谏以及公论,大部分出自他手下的鹰犬们。这些鹰犬很多是为了自己的欲望放弃原则的士林败类,他们在韩侂胄得势后狐假虎威,风光一时。正是部分士大夫的自甘堕落以及韩侂胄利用思想的由头打压所谓的道学者,使得“理想主义”派受到重创。韩侂胄的专权造成的消极影响可能并不及史弥远,但是他开了利用政治“武器化”思想的头,并且将代表正义与公论的台谏机构转变成为自己服务的工具。这些措施使得南宋原本轻松的文化氛围消失,以理学为中心的新儒学的复兴终止,文化开始从北宋以来的开放转为保守。同时也大大影响了台谏机构的作用与形象,使其在日后沦为党争政斗的工具,失去了原本的监督与提供真实民意公论的功能。话说回来,因为韩侂胄的专权,士风败坏,大部分“理想主义”派在现实与利益面前转为“现实主义”派。所以在辅弼皇帝的问题上,“现实主义”派倾向于既然皇帝不管事就得找一个能替他管事的人,这也为南宋后期的权相政治打下了基础。

从历代来看,南宋是最为权相困扰的朝代,这与北宋开国时分割宰相权力的政治形态形成很大反差。北宋设立二府三司分割宰相的权力,并且广泛地摧毁了地方割据的基础,同时与祖宗家法互为保障,牢牢牵制住了相权,所以相权实际处于君权的绝对统治下,丞相没有弑主篡位的机会。而南宋的权相所攫取的权力与其说是偷来的,不如说是君主由于各种原因让出来的,他们只是君权的代行者而已。写到这里。我们可以十分清楚地明白南宋臣子的纠结和权相的出现,与君主的暗弱有很大关系。归根结底,这些问题都是因为君主的能力无法适应统治的需要,便不得不将权力让出去,而群臣对于君主与权相也很难起到制约作用;在君主独裁制下,君主能力不足的问题无法通过其他的方式弥补,臣子要么主动或被动认可一位君权的代行者,要么通过遥不可及的教导改造君主,要么只能期待下一位君主(通过暴力过渡或取代的方式随着历史的进步不断减少,这保证了统治集团权力过渡的平稳)。这个问题也是君主专制的巨大弊病,困扰着中国历史上千年。

当然,用理性的眼光看,我们不能要求古人和我们一样必须知道“君主专制的万恶”,知道“社会的出路是民主”,这些东西对于他们来说太遥远了。我们也不能用我们现在制度的优点和当时制度的缺点比，这是没有价值的。但是平心而论，中国为走出帝制做出了相当大的努力与牺牲，不仅仅是共产党，还有无数党派志士的努力。利用民主制，我们可以知道自己的不足，可以避免许多专断造成的失误。相比于帝制，我们最大的进步便是能进行深刻的反思，正是反思给予了进步与改正的空间，不会像帝制陷入无限的治乱循环而找不到办法。或许赵汝愚与朱熹泉下有知，说不定会摸着胡子赞叹“盛世之制度也”。

点评

作者的确是位史学爱好者，对宋朝的认识远远超出了很多人，大量的阅读为他写书评奠定了底气。但在写法上还是有不少可商榷之处：开头的写法与后面部分显然属于不同的文体，也许作者是追求新颖，但也会让人纠结；北宋和南宋差异巨大，混在一起评论会带来混乱；拿宋朝的社会制度与现在的对比，似无必要。

无所畏惧，向死而生

——读《活着》有感

◈学校：嘉善县高级中学 ◈作者：赵　亿 ◈指导老师：宋　婕

勇气是看清了生活的真相之后，依然充满热爱地活着。

——题记

我接触《活着》这本书是在2016年的夏天。那时，我的爷爷刚去世，我甚至没见到他的最后一面。那些日子里，我一遍又一遍地读《活着》。人总是这样，在最困难的日子里，最令人宽慰的，不是有人告诉你一切都会过去，而是有人比你更惨却依然坚强地活着。

在福贵的一生里，苦难像魔鬼一样纠缠他不放，经历了一家四代七个人的生离死别。他完全有可能放弃自己的生命，但是他仍然继续活着，像完成一项光荣的使命。这是一种接受离别的勇气，是对生命的敬畏与尊重。

如果说父母的离去是常态，那么当一个人的儿子死了，妻子死了，女儿死了，女婿死了，孙子死了，他要怎么活？我自问做不到福贵那般从容。都说余华残忍，我亦被有庆毫无预兆的死亡所震撼。当家珍的病刚刚有点好转时，有庆死了，被活生生抽血抽死的。甚至亲眼见证一条鲜活的生命从此消散的医生，也只是轻描淡写地对护士说了句"胡闹"。两个字，轻飘飘地、不痛不痒地揭过了一个少年的死。何其残忍！何其可笑！福贵去责问时，悲哀地发现自己的仇人竟是春生，面对昔日同生共死的战友，福贵又能如何呢？只能道一句："春生，你欠我一条命。"罢了。没有办法，福贵只能独自咽下丧子之痛，埋葬仇恨。我曾揣摩过福贵的内心，但仅仅是想象我都觉得沉重，那福贵又是怎么一个人挨过这无法言状的悲哀呢？

顾城说："命运不是风，来回吹，命运是大地，走到哪儿你都在命中。"亲人一个个离去的痛苦如海浪，汹涌着，怒吼着，拍在福贵身上，让他毫无还手之力。但福贵却奇迹般地挺了过来，依然豁达乐观地面对人生。尽管到了风烛残年，只与一头老牛为伴。他没有因为亲人的离去而放弃自己的生命，不是因为活着能让死去的人安心，只是为了活着本身而活着。

"人是为了活着本身而活着的，而不是为了活着之外的任何事。"生命只有一次，失去了再没有回头路。人生无常，聚散离合，我们总要接受有人永远留在昨天，我们只能目送一个个背影的离开。福贵面对死亡的勇气值得我们学习，他的心已被苦难磋磨成了一块光滑的鹅卵石。芸芸众生，不经历世事沧桑的磨炼是不能真正淡然面对生活的。其实生活到头来也只不过是虚惊一场，今日经历的苦难都会变成他日的谈资。我们要学会抚平岁月下的伤痕，悠然前行。

人生不如意事十之八九，我们应常想一二，不思八九，如福贵般怀一分从容，一分勇气，在死亡的重压下向死而生。

点评

"命运不是风，来回吹，命运是大地，走到哪儿你都在命中。"这句话很好，因为它说理质朴。死亡是每个人都要面临的事件，只是时间不同而已。所以生命的意义就变得非常重要。作者由自己的生活经历切入，分析小说中的形象就自然、真切了。如果对小说的分析可以选一个更小的切口，或更有欣赏意味的视角来研讨，则对小说的观察就可以更深入，也会更细腻。

献给周冲的一只白船

——读《雷雨》有感

◈学校:嘉兴市第一中学 ◈作者:廖晓焱 ◈指导老师:孟　翀

我读《雷雨》,对开篇鲁贵主导的与女儿漫在铜臭中的对话印象深刻,也大抵看出些故事基调,一团不安逐渐在心里聚拢、盘踞。然而,周冲出场时两声清脆嘹亮的“四凤”打破了这暗色。我觉得好笑,他的神态怎样看都不是十七岁,“有着一切孩子似的空想”,呼唤的时候直接而纯粹,好像直抵人心,当下就和朋友诟病了这个人物,认为他是个荒诞突兀的存在。

而后印象最深的,没料到,也是周冲到鲁贵家宣言的那一幕——“我们坐在船头,望着前面,前面就是我们的世界。”“我们可以飞,飞到一个真真干净,快乐的地方,那里没有争执,没有虚伪,没有不平等,没有……”当下被这宣言钉在原地,真正地敬佩而感动了。

周冲这样的人,我把他视作戏剧中乌托邦似的存在。周繁漪向死而生,是“不疯魔,不成活”的程蝶衣;周萍亦步亦趋,是困囿于境地与内心的米开朗基罗;四凤软弱,侍萍分裂,周朴园是乏善可陈的封建家主……独独他,十七岁的少年,正当盛放年华,是插入昏沉古铜色夕阳的一抹鲜黄,明亮而扎眼。他和一切年轻人一样——有一个梦想。这个梦想寄托于四凤美丽的面庞,扎根于优渥的成长土壤,生长于时代给予他的所有看似光明向上的出路。他期望打破等级界限,期望分享知识,期望随心地爱一个人。这一切为诡异的故事带来一股新气息,屹立于情爱之上,战胜善恶判罚,逆流而上。可惜的是,早慧带来夭亡,他或许早有“明知不可为而为之”的领悟,所以最后在雷雨中死去,对他而言未尝不是无法实现蓝图的解脱。让人后知后觉地明白,结尾早已写在开头:“他已经幻想过许多许多不可能的事实,他是在美的梦里活着的。”梦终会醒,以梦为食的小孩这时也会走向生命尽头。

让我慨叹的不仅是他透明、美好的品质，也是他骨子里的反抗思想，对一种实验式生活的尝试。从他身上我们看到人类即使在苦痛中，也有追求一种舒适、理想状态的本能，以及人在达到一定精神自足后希望他人、社会、世界也能焕发光彩的理想。这是一种不自私的伟大的思考，它融汇于历史长河之中，遍布于世界各地，比如王安石变法，新和谐公社，甚至于万户为天空的执念献出生命。周冲是一个背离时代的形象，他的倒下让人觉得命运强硬，不可违抗；让人反省个人梦想在时代潮流中的可行性。我们的确看到一个又一个美好的幻梦破碎在眼前。背离时代是可悲的——我们很轻易屈服于周边人以及生活的惯性，也很容易质疑自己的梦想，最后极可能和周冲一样，“理想如一串一串的肥皂泡荡漾在他面前，一根现实的铁针便轻轻地逐个点破”。

但是我们不能忘记，梦总是有人在做的。正因为有孩子一般新鲜的好奇这个世界发展方向的品质，我们才可以跳出常规，跳出延续很久却不一定正确的路线，按照自己所想的活着。我们是时间的孩子，我们脑海里的一切都值得被记录，我们是年轻鲜活的思考着的存在，不畏惧带有悲剧色彩的创新，不畏惧面目可憎的现实。

周冲——作者最爱的人物的死，是必然，却让人不甘，我相信在作者心中的另一个结局中，他应该是很好地活着，找到了“我们的世界”，和爱的人幸福地生活在一起。我也相信，只要我们不放弃做梦，梦总有一天能够变成现实。这是我们对现实的回击，对不满意的生活的反抗。这是我们的态度，是人类发展过程中传承下来的血脉。

在这本书中，我们可以在每个人物上找到自己的影子。我们像周繁漪一样眷恋过死亡的事物，我们像周朴园一样羞耻于不堪的过往，也像四凤磕磕绊绊地寻找自己的未来。最终，我们都不可避免地像周冲。他将我们的童年延长，将美好的幻想置于黯然的生活之前，给它添上五彩的滤镜，那是个理想的世界。

雷雨带这个孩子去了更好的地方，那里泊着一只海燕似的小帆船，白色的帆张得满满的，像一只鹰的翅膀斜贴在海面上飞，飞，向着天边飞。愿我们终有一日，都能飞至各自的理想乡。

点评

对于著名剧作《雷雨》可评论的点很多，周冲在其中的分量不重，却是最亮眼的，体现了曹禺对理想的浪漫追求。作者很好地抓住了这个人物去分析，抓住了周冲为四凤描绘的乌托邦世界，关注他的理想与现实的冲突。作者用美好的语言回顾这个美好的人物，也深刻剖析我们每个人身上都有的剧中角色的投影。

书海采珍

要写读书报告，如果你作了笔记，又作了眉批，读书报告就很好写了……好的读书报告简直就是一篇好的学术论文。

——王　力

携一腔孤勇，在路上

——《带上她的眼睛》读后感

◈学校：嘉兴市秀州中学 ◈作者：郭雨阳 ◈指导老师：史东辉

"请你们放心，我现在已经适应这里，不再觉得狭窄和封闭了，整个世界都围着我呀……"她以一腔孤勇，去赴一场没有期限的约定。

很奇怪，对于《带上她的眼睛》，我可谓故"文"重游，却湿润了眼眶，胸中闷闷的，又热热的，感觉像是什么要破土而出一样。我猜，那是我不算迟到的孤勇来赴约了。

对于没有名字的"她"，我更愿意称为小姑娘，她也没有长大呀！"我现在就像从很深很深的水底冲出来呼吸到空气，我太怕封闭了。""呀，花儿，有花啊！""热，热得像……地狱。呀，天啊，这是什么？草原的风？！""看不到日出了，好想看草原的日出……听，这是今天的第一声鸟叫，雨中也有鸟呢！"……这些语句，在我第一次面对它们时，想的都是表现手法、伏笔照应、人物特点。很奇怪，那时候还能告诉自己，这就是一篇小说，都不是真的，都不作数的。三年后，也就是现在的我，只觉得她的每一步都作数：她的救援无望，作数；她的害怕惶恐，作数；她的乐观向上，作数；她的一腔孤勇，作数。我仿佛能透过这薄薄的书页，透过这厚厚的地壳，透过小说与现实世界的屏障（如果真的有的话）感受到她，我能感受到她对待工作的认真和敬业，能感受到她对"地上世界"的不舍和眷恋，能感受到她对生活的热爱与珍惜。

"百度百科"对"孤勇"的解释是这样的：单独作战，坚韧而稍显执着。她就是这样一个孤勇的小姑娘：披上铠甲，戴上头盔，在心中开出花来。

那我们呢？私以为现在的人们面对生活无非三种态度：乐观积极、悲观堕落、得过且过。

在看综艺《令人心动的offer》时，我被那些优秀的人"圈粉"。有人说："我积累足够，一直在路上，所以我有无限的可能。"有人说："如果我有幸成为一名律师，我将毕生捍卫法律的尊严。"我反思自己怎么如此"花心"，后来才想明白，我欣赏的，是他们身上闪闪发光的乐观和勇气。而关于悲观堕落，最近感觉这样的事情越来越多了，心理健康成为了社会一大热点问题，中学生自残、跳楼事件层出不穷。更有甚者，一个司机在高考期间，为报复社会，驾驶大巴车冲入水库，致使有高考考生因抢救无效死亡。只因他一人的堕落，二十多个鲜活的生命随之遇难！

当然，对我们普通人来说，成为社会精英、高知人士很难；与此同时，也绝对不会成为像那个司机一样的刽子手。我们更多的是在人海里浮沉，被生活推着，迷茫地走向远方，我们更多是碌碌无为，得过且过，用"心灵鸡汤"来代替努力，用一个又一个借口来拖延、敷衍，我们站在空中，没有踩在地上，也无怪所谓"网抑云"现象愈演愈烈了。我们通过网络，看着别人的生活，看着别人闪闪发光，看着别人自甘堕落。但是，别忘了，别人不是你的彼岸。

看过，就去努力吧！看过，就去改变吧！看过，就携一腔孤勇前进吧！为什么要看别人闪闪发光，我们自己不是也可以吗？为什么要退缩怯懦，我们自己不是也做得到吗？三年前，我对《带上她的眼睛》这篇小说无感甚至是冷漠，现在却能有所感悟，有所启发，这难道不是进步？难道不算在路上了吗？少一点东张西望，少一点豪言壮语，与其要别人看好，不如自己活得好看。

愿你，我，小姑娘，可携这一腔孤勇，永远在路上奔跑！

点 评

小作者故"文"重游，却湿润了眼眶，为什么？带着这份好奇，我继续读下去。作者思维开阔，借助刘慈欣的《带上她的眼睛》这篇科幻小说，让我们领略了文学作品的情感热度。行文纵横捭阖，将时下生活与文学作品比较，反思文学作品动人的原因。这样的思考拓展了认知的空间，并增强了作品的现实意味。文学反映生活，生活也关照文学，这样的阅读才相得益彰。

信念的旅途

——读《一个人的朝圣》有感

◈学校:嘉兴市第一中学 ◈作者:王梦泽 ◈指导老师:吴　俊

一个人,没有手机,没有地图,没有专业装备,仅仅穿着一双破旧的帆布鞋,可以走多远?

如果有一个人像这样靠徒步横跨英格兰,你一定会觉得他疯了;而《一个人的朝圣》中的哈罗德,便是这样一个“疯子”。年过六旬的哈罗德,在收到患癌症老友的一封告别信后,就疯狂一般地踏上了627英里的朝圣之旅。

从正午到日落,我站在一排排紧凑的书架间,一口气读完了这本书,也一口气从英格兰最南端跨越到了最北端。“这世上有许多人每天做的事就是不断将一只脚放到另一只脚前面,日子久了,生活便显得平淡无奇”,而哈罗德,却用回忆丈量路程,用双脚找寻到自己追求的人生;决定踏上朝圣之旅仅仅是在一念之间,而剩下漫长的87个日夜是由他燃不尽的信念支撑着瘦弱的身躯一步一步熬下来的。在这看不到尽头的道路上,妻子不在身边,同伴来了又走,只有哈罗德和他心中的那一股“劲”,有时候,他的信念也会“低到脚底下”,但他在挣扎中,仍将信念拾起,装入行囊,继续不懈地走着,走着。他的信念,既是他的目标,也是他不竭的动力。

看着哈罗德从一个城镇走到另一个城镇,我回想起自己的“旅途”。小时候我满腔热血地说要学习钢琴,却从最初恨不得抱着钢琴睡觉,到后来连上课的每一分钟都是煎熬。热情,就像是装在破了洞的口袋里,一点点地漏出来,掉在地上。最终,朝夕相伴八九年的钢琴也落上了灰。那时的我,没有哈罗德那般坚定的信念,徒有三分钟的激情。后来我回过头凝视这八九年的旅途,才发现这散落一地的热情与信念。或许是我反思后重新将它们捡拾,才能够用三年时光通过了陶笛考试,达到人生一个小分支的终点。

《一个人的朝圣》的封面是一个老人行走的背影。汪国真曾经在他的诗中写道:“我不去想是否能够成功 / 既然选择了远方 / 便只顾风雨兼程……我不去想身后会不会袭来寒风冷雨 / 既然目标是地平线 / 留给世界的只能是背影。”因为有信念,所以才不畏风雨,不惧失败;因为有信念,才能不断向前,将背影留给世人。哈罗德也曾几次走错了路,但他的信念仍支撑着他,不让他轻言放弃。所以即使他走错了路,或是因为受伤而慢下脚步,他留给别人的,仍然是他的背影。

那个背影让我想到无数藏族的朝圣者,他们没有专业装备,没有详尽的攻略,甚至没有一双像样的运动鞋,仅在口袋里装满信念,便向着拉萨出发,磕尽十万长头,只为追寻那一方神圣。那一个个朝圣者就算身体瘦弱,但他们的背影永远高大有力,因为那肩膀上承载了无上的信念。

在书中,一个平凡的加油站女孩曾对哈罗德说:“如果有信念,你就一定能把事情做成。”而哈罗德,便是这句话最好的证明。面对人生中无限的坎坷挫折,我们总是“会不断挣扎,难以置信,会被现实一次次打倒,直到终于接受事实,尘埃落定”。而放弃的原因,不是计划不够,而是因为信念不够。

信念可以走多远?从英格兰最南端金斯布里奇到最北端贝里克,从世界这头到那头,从不可能到可能。只要口袋里装满信念,即使目标是遥远的地平线,也最终可以到达。

点评

《一个人的朝圣》或许很多人都读过。它好读,也令人好奇——一个人为什么会走那么远的路?能继续走下去吗?进而我们会审视行走的意义,也许行走本身就是意义。作者从书中捕捉到了“背影”和“信念”这两个关键词。人生的惊喜或许就是给别人留下背影吧,就是发现生活之外的另一种可能。这也是小说的魅力。

一个万里长梦，一场精神跋涉

——浅析《我们仨》中蕴含的人文精神

◈学校：海宁市高级中学 ◈作者：韩凌翼 ◈指导老师：崔 琦

《我们仨》是杨绛先生九十二岁时执笔创作的散文集，该书以平淡温和的口吻回忆了他们这个家庭几十年的风风雨雨、点点滴滴，描绘了一幕幕相守相助、相聚相失的经历，叙写了“我一个人思念我们仨”的动人篇章。作为一部回忆录，《我们仨》无疑是以最为真实的笔触勾勒出一个三口之家的温情世界，细细读之，我们不难发现其有意无意间所体现的知识分子的坚守以及爱国情怀。可以说，《我们仨》一书中充溢着强烈而鲜明的人文精神内涵。以下是我个人极为粗浅的见解。

一、质朴纯粹的亲情令人动容

“这是我们仨，一个家，缺一不可。”合上书页，情绪一点点开始晕染。这个单纯温馨的学者家庭无时无刻不牵动着我的心，也引起了我对于“家”的思索。

家是什么？

“家是世界上唯一隐藏人类缺点与失败的地方，它同时也蕴藏着甜蜜的爱。”萧伯纳眼中的家是这样的。透过杨绛的双眸，我们也确实可以窥视到萧伯纳言语中的那种满盈爱意的家庭氛围。

杨绛先生如是写道：“我们这个家，很朴素；我们三个人，很单纯。我们与世无争，与人无争，只求相聚在一起，相守在一起，各自做力所能及的事。碰到困难，锺书总和我一同承当，困难就不复困难；还有个阿瑗相伴相助，不论什么苦涩艰辛的事，都能变得甜润。我们稍有一点快乐，也会变得非常快乐。所以我们仨是不寻常的遇合。”是的，他们仨是“不寻常的遇合”，所有挫折在他们面前不过是微不足道的绊脚石，而小小的欢愉却能成为千金难求的瞬间。

在我看来，“家”于三人而言，是共同生活的珍贵记忆。

维斯冠有这样一句话：“父母与子女，是彼此赠予的最佳礼物。”而杨绛也是毫不掩饰地说：“阿瑗是我生平杰作。”从一个人，到一对人，再变为我们仨，他们共同生活了60年。

都说人间烟火气，最抚凡人心，这一家三口更是将人间烟火气淋漓尽致地呈现给了世人。作为一个妻子、一位母亲，杨绛对丈夫和女儿倾注了一切的爱。在医院生产期间，“拙手拙脚”的钱锺书一个人在家总是做不好事，但她依旧会说“不要紧”。钱锺书是家人心目中最需要照顾的“孩子”，女儿说：“我们是妈妈的两个顽童，爸爸还不配做我的哥哥，只配做弟弟。”但从另一方面来看，钱锺书情感细腻，对待妻女既温存又体贴，常常成为两人的“老师”。在生活中，他肯委屈，能忍耐，是女儿最好的“哥们”。钱瑗则乖巧听话，会像“姐姐”一样照顾母亲，像“妹妹”一样陪伴母亲，像“妈妈”一样管着母亲，一直以来都是父母的安慰和骄傲。这正印证了杨绛所言：“我们仨，却不止三人。每个人摇身一变，可变成好几个人。”亦师亦友亦亲人，多让人生羡的家庭关系啊！

特殊的年代里，三人随着国家的风雨而飘摇跌宕，受过病痛的折磨，更遭过迫害。岁月镌刻了他们嬉笑打闹的印痕，也留下了守望相助、相濡以沫的标识。不幸乎？大幸也！

然而，1997年早春，钱瑗去世。1998年岁末，钱锺书去世。三人就此失散了。“世间好物不坚牢，彩云易散琉璃脆”，只剩杨绛一人思念“我们仨”。

书中有这样一段话：“现在我们三个失散了。剩下的这个我，再也找不到他们了。我只能把我们一同生活的岁月，重温一遍，和他们再聚聚。”现在想来，这许是杨先生落笔的初衷。

虽然死神会带走我们身边的亲人，但我们曾一起走过的日子永远无法抹去。家，并非一处固定的居所，更多时候，它以家庭成员共同生活的记忆为底色而存在。共同生活，共同感受风霜雨雪，哪怕是间陋室，也别有一番风味。

二、执着倔强的坚守使人折服

2016年5月25日，杨绛先生与世长辞，享年105岁。逝世当日，多家报纸、杂志以及网络媒体公开发表对她的怀念文章，并感叹一代知识分子的陨落。有人说，她是“中国最后的知识分子”，是不是“最后”暂且不论，但“知识分子”这一头衔可谓是对其当之无愧的褒扬，这一称谓安在他们三口之家的任何一个人身上都是名副其实的。

杨绛在学生时期就表现出对学问的如饥似渴、孜孜不倦。有一次，父亲问她：“阿季，三天不让你看书，你怎么样？”她说：“不好过。”父亲又问：“一星期不让你看呢？”她答：“一星期都白活了。”

在外留学期间，她会为自己没有得到公费出国深造的机会而不服气，但还是“借”着钱锺书的光，甘愿做一个旁听生。她时常在牛津大学图书馆自习，为自己定下课程表，一本一本书从头到尾细读。“能这样读书，还有什么不满意的呢？”杨绛在书中写道。

当家里来了客人时，她便不得不忍痛舍弃自己的读书时间，努力扮演好妻子的角色，却又像个小姑娘似的发起牢骚：“我从来不是啃分数的学生，可是我很爱惜时间，也和锺书一样好读书。他来一位客人，我就得牺牲三两个小时的阅读，勉力做贤妻，还得闻烟臭，心里暗暗叫苦。”钱锺书也曾评价杨绛为“最贤的妻，最才的女”。

自从迁居三里河寓所后，他们仨终于安顿了下来。“我们每天在起居室静静地各据一书桌，静静地读书工作。”是的，不仅她一人如此，钱锺书、钱瑗二人同样是潜心学术。“博学而不穷，笃行而不倦”，放在杨绛先生一家身上，是再合适不过了。钱锺书静心著书，杨绛专注翻译，钱瑗从事自己热爱的教育事业，三人各自努力，互不干扰，又相互激励。一如杨绛所言：“我们不论在多么艰苦的境地，从不停顿的是读书和工作，因为这也是我们的乐趣。”以读者的身份看着书中三人各自认真工作时的张张旧照，我实在忍不住发出由衷的赞叹。

然而学问越深，未知越重。杨绛年少就这般勤勉好学，到年老时更是治学不倦，坚持伏案写作。年近60岁时被下放至干校打扫厕所，她就把马桶擦得干干净净，闲来没事便坐在上面看书。女儿、丈夫相继离世后，纵使已九十多岁高龄，也仍然笔耕不辍，真正践行了“活到老，学到老”这句古话。

杨绛本人有句颇为经典的名言，是这么讲的：“你的问题在于，书读得太少，而想得太多！”古语云：“吾尝终日而思矣，不如须臾之所学也。”说的正是这样的道理。确实，我们常说知识与思想是相辅相成的。“学而不思则罔，思而不学则殆”，先秦的《论语》中便有了关于学与思的关系的记载，如今，“读书是为了更好地进行思想锻炼”这一观点已然成为社会共识。而杨绛先生或许正是秉着此番理念，才功成名就。

尽管早已闻名遐迩，但一家人始终保持着谦逊、不卑不亢的态度。钱锺书曾说："有名气就是多些不相知的人。我们希望有几个知己，不求有名有声。"因此，他们很少接受采访，不喜外界赋予的荣誉，只是脚踏实地地研究学术，他们对学问的坚守也确实得到了世人的尊重。

三、精忠赤诚的丹心为人称誉

鲁迅先生在《中国的脊梁》一文中写下："我们自古以来，就有埋头苦干的人，有拼命硬干的人，有为民请命的人，有舍身求法的人……这就是中国的脊梁。"出国留学、抗日战争、国共内战，直至新中国成立之后，杨绛一家历经无数变故，尝尽悲欢，但无论现实有多么残酷，他们没有任何诉苦与抱怨，而是毅然决然地担当起中国的脊梁。他们对祖国的浓浓爱恋与深深感恩始终如一，不曾有一丝一毫的改变。

1935年至1938年，钱锺书和杨绛于欧洲留学，得知国内战事紧急的消息后，两人都不愿继续待在国外，于是他们放弃了国外丰厚的薪资待遇，领着刚出生的女儿，很快便乘船归了国。当时正值艰苦卓绝的抗战，"山河破碎风飘絮"，中国这条巨龙惨遭日寇的蹂躏与践踏。在战火纷飞的乱世中，知识分子命途多舛，用南宋爱国诗人文天祥的千古名句来讲，那就是"身世浮沉雨打萍"啊！那段窘迫的岁月，三人即使分居异地、流离失所，也不愿放开祖国母亲的双手。

1949年，很多人都在想办法离开大陆，躲避战乱，杨绛一家却没有。当谈到内战结束后的去留问题时，素来平和的杨绛激动地说道："我们如要逃跑，不是无路可走。可是一个人在紧要关头，决定他何去何从的，也许总是他最基本的感情。我们从来不唱爱国调。非但不唱，还不爱听。但我们不愿逃跑，只是不愿去父母之邦，撇不开自家人。我国是国耻重重的弱国，跑出去仰人鼻息，做二等公民，我们不愿意。我们是文化人，爱祖国文化，爱祖国文字，爱祖国语言。一句话，我们是倔强的中国老百姓，不愿做外国人。"好一个"我们从来不唱爱国调"的直率！好一个"不愿做二等公民"的坚决！一字一句掷地有声，话中蕴藏着的爱国之情可以说是非常慷慨激昂了。在杨绛看来，个人命运与家国命运是休戚相关的，我们生来就与自己的国家有着不可分割的情感联系。于是，他们死守上海，等待解放。

在词典上，"爱国主义"的释义是"指对祖国的忠诚和热爱的思想"，它的情感含义往往是复杂、丰富的。前文我虽提及鲁迅先生的文字，并以此引出了"爱国"的主题，但《我们仨》中那份爱国情操不同于鲁迅强烈犀利的"民族魂"，这点显而易见。他们的爱是低调的、深沉的，是忍辱负重的。

“文革”时，杨绛和钱锺书都被揪出来批斗，忍受抄家、剃阴阳头等折磨。尽管如此，二人却于险境中保持着进取的决心。其间，钱锺书和杨绛分别完成了古籍评论著作《管锥编》和西班牙小说《堂吉诃德》的中文翻译，为国家做出了伟大的文学艺术贡献。

回望杨绛先生的晚年生活，我们可以看到，书中所展现的家国情怀并非偶然。

她关注教育，尤其是寒门子弟的就学问题。2001年，她把自己和丈夫的全部版权收入捐赠给清华大学基金会，以“好读书奖学金”的名义资助品学兼优的贫困学生。她还邀请获奖学生到家里座谈，跟他们通信，为他们进行有益的开导，鼓励年轻人读书，成就梦想，造福社会。

不可否认，“爱国”自古以来就是不衰的议题。前有“留取丹心照汗青”的文天祥，后有“俯首甘为孺子牛”的鲁迅，“爱国主义”是一代代知识分子的呐喊，也是新时代中国青年的信念。吾辈当自强，我们应当让这一思想植根于大脑，用实际行动向祖国表达真挚的爱恋。

钱穆先生评价杨绛：“我看你是个有决断的人。”评价实在到位。痛失两位挚爱后，杨绛没有在悲怆中停下步伐，反而以其果敢的作风和惊人的才情创作了一部有血有肉的作品。不得不说，《我们仨》的确称得上是一部力作，它读来如白开水般清淡，又如细水长流般悠绵。书中的“我们仨”相继离开，继而又重逢，大概是最完美的结局了。读完此书，我仿佛在伴着杨绛先生做完一个万里长梦的同时，完成了一场自我的精神跋涉。作为成功的文学作品，《我们仨》中蕴含的人文精神——那质朴纯粹的亲情、执着倔强的坚守以及精忠赤诚的丹心无一不触及读者的灵魂。我想，这些也是三口之家给后人留下的一笔宝贵的精神财富。

点评

作者阅读杨绛先生的回忆录，从中提炼出《我们仨》中蕴含的人文精神——质朴纯粹的亲情、执着倔强的坚守以及精忠赤诚的丹心，并结合书中的例子来谈自己的感受，也带领读者见到了这一家子可爱的人，领略了大学者一家平凡而难得的亲情，在琐碎的细节、平淡的语言中蕴含着人间深情。

一念疯子 一念天才

——读高铭《天才在左 疯子在右》有感

◈学校:海宁市高级中学 ◈作者:范依梦 ◈指导老师:姚若丰

石头那漫长的生命,在人类看来,几乎没有尽头。

——高铭

什么是生命?生命的尽头又在哪里?

自我着手了解这个世界的时候,我就隐隐有些感触。那时的我仅仅是想,我的小白兔是生命,大枇杷树是生命,邻居二丫是生命。我不知道蜘蛛网是不是,不知道一颗亮晶晶的星星是不是。想必不是的,他们从来不长个子。可那只是“想必”,我又提出了好几个“想必”。

上了小学和中学,老师直接告诉我:能进行新陈代谢的,主要由有机物组成,会用能量的就是生物,换言之,就是生命。哎哟嘿,我想:凭什么呀?凭什么你说那是生命那就是生命呀?谁知道究竟什么才是生命的定义呢?科学不容置疑地告诉我:生命存在的必要条件是水、适当的温度、大气……这又是谁说的?万一就有那么一种生物,它靠吃塑料喝硫酸活,整天一动不动,它靠小脚趾想东西,支配生命活动;又或许太阳是生命,它吸宇宙射线,它还有以亿计数的寿命!

我整日整日想,告诉我的家人、同学这一伟大的猜想,他们认为我疯了。

直到有一天,我看到了这本书,这本书讲精神病人。精神病人?疯子?既然他们都认为我在说疯话……我要了!

我喜气洋洋,我手舞足蹈,我拆开了这本书。我翻到了《石头的生命》。

我和她蹲在花坛边,她告诉我她发现了新的生命形式。蚁群是“松散生命”,蚂蚁是它的细胞;石头是另一种生命,磨光了就会死,它的生命很长很长,或许他们认为人类活动太快,人类才不是生命呢……天哪,太有道理了,我竟没发现石头的生命！最最重要的,她认为,或许外星人吃塑料喝硫酸就会活,竟与我想的一模一样！越聊越热切,越聊越着迷,我好像跨越了浮着的文字,跳进薄薄的书页,面对面地与她手手相印。我们相隔那么长的时间,几十年就像是城墙那般厚,但我们又如此近,只有几毫米,同一奇思妙想的大脑的血液隔着手心的两块肌肤,一起流淌。于是,我们在城墙一样厚的但又薄如蝉翼渗着彼此体温的玻璃两边,歌唱着知音,不不,我们是“知生命”。

对于一些我想得不深的论断,她也做出了解释:几只蚂蚁活不长,因为它们只是几个细胞;蚁群是生物;蚁后是大脑,兼顾生殖系统;兵蚁是防卫组织。她告诉我那些科学家说生命环境要有水、大气……是因为他们要找到跟他们一样吸氧气喝水的生物,大家才有共同点,才有沟通的可能。

她脸上洋溢出奇异的色彩,斩钉截铁:肉聚在一起变成大脑,蚂蚁和石头也一样,聚在一起,就有了思维。

“聚在一起,就是生命!”

我愣住了。我久久说不出话来。我摇摇头静静地走开。在听了她一番慷慨激昂的阔论后,我们知己的玻璃却倏地打破了。我想我本该是热切的,同她一样成为“生命聚成论”的忠实信徒,可此时的我却感到了一阵毛骨悚然,细细密密,生出一股想反驳却畏缩在原地的矛盾情感。同那样的热忱与坚定相比,我猛地发现其实我并不是那么的不满与充满质疑,那或许只是一个青春少女的小小的不服与叛逆罢了——同固执的大人相比。说到底,我更害怕让自己显得与众不同。我骨子里流的是和普通人一样的血液,中庸的血液,与她疯狂的血液全然不同。不然,也就不会在被轻视后只敢买此书阅读,在心里一泄怨气了。现在想来,除了懵懂时便开始疑惑的“生命”问题,我向来都很轻易接受他人的观点,立场坚定的时刻少之又少。一切的一切,都不过是我的畏缩、我的恐惧,使我不愿成为让人注目的疯子罢了。

和这个“女精神病人”一样——她未“疯”时是位教师,拥有惊世骇俗想法的、奇奇怪怪和常人不同的“精神病人”并不在少数啊。我甚至想,他们根本没病,他们只是想得深了些,想得久了些,想那些“常人”不想的事情多了些。

那个说着“四维虫子”的少年,那个所有人在她眼里都是动物的女孩,那个闭关修炼的男人……他们一一从我眼前经过,他们一直坚持自己的想法,他们与这时代格格不入。或许他们都是生错了时代的天才。生对了,少年是量子科学家,男人是超俗的道士……或许他们是“走入歧途”的天才，在一个岔路口想歪了，便向着与天才相反的道路一往无前。追根究底，天才与疯子仅一线之隔，却有着本质上的差别，只是世人被时代所蒙蔽，辨不清楚罢了。

这个时代世人眼中的“疯子”，或许就是下个时代的“天才”，这些天才被时代强行披上了疯子的皮，又任由无数的讥讽加固它。直至下个时代一群披着疯子皮的天才联手，扒下那舆论造就的皮，齐齐蜕化成世人眼中的天才。达尔文不就是这样的天才？在他苦学多年，提出进化论，指出人类是由人猿进化而来的时候，全世界都与他为敌，认为他是个彻彻底底的疯子，竟将人与那低等的猿猴联系在一起。上帝的信徒、神创论者激烈地抨击他，抨击那与《圣经》相悖的《物种起缘》。然后又不知过了多少年，其间又有许多“疯子”大胆地赞同他、肯定他，直至所有人都为他欢呼，直至全新的时代为他助威，他才“变”成了天才。这样的磨难，这样的机会，造就天才。

而我不愿多想。我只是一个中庸而小小叛逆的普通人，我只想安静地待在人群中，抱团，不做那疯疯癫癫的“天才”，千夫所指；只做“高高在上”的世人，躲在暗处，窃听一个又一个震撼世界的伟大理论。

人被躯壳的长短左右，
因羞愧或甘心于三尺之躯而自修囹圄，
从某种意义上来说，
是盲了自己的心。
——致自己，致疯子，致时代

点评

作者从自己的经历开始写起，轻易就把读者带入了情境。作者在年少时想象力丰富，大胆质疑，遇到《天才在左疯子在右》这本书恰似遇见知音，从那些所谓“疯癫”的话语中看到了自己，也得到启迪和思考。一番阅读思考后对“天才”和“疯子”有了自己的思考，突然意识到自己只是一个中庸而小小叛逆的普通人，在阅读中反思成长。

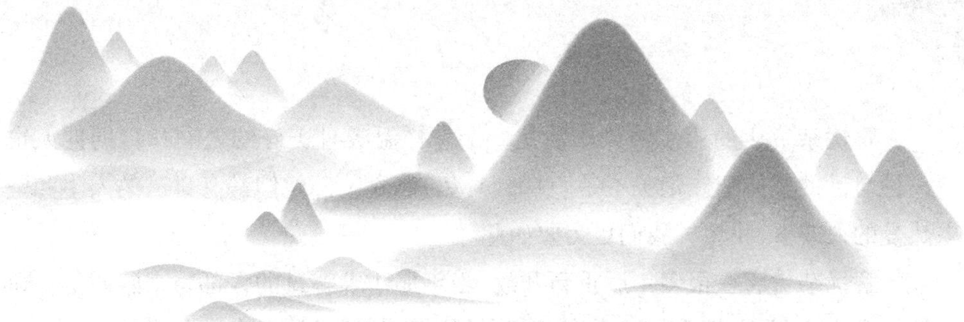

愿你所遇皆善良，愿你所求都如愿

——读《解忧杂货店》有感

◈学校：嘉兴市秀水中等专业学校 ◈作者：刘　悦 ◈指导老师：刘桂芳

拥有花朵的人不需要神祇。

——题记

风穿行在夜晚的街道，黑沉的天幕上挂着明镜般的月亮，照亮了周围层层的云，也照亮了路人回家的路，我不禁想起了一本书，一本宛若皎月的书……人生就像一次出走的旅行，在某个生命的拐角，遇见改变一生的选择，世界就此发生天翻地覆的改变。其实所有纠结做选择的人心里早就有了答案，咨询只是想确认内心所想的选择，最终的所谓命运，还是自己一步步走出来的。

好的书籍是最贵重的珍宝。《解忧杂货店》这本书，让人很感动。故事发生的场所，正如书名，是一家给人解忧的杂货店。店主帮助过很多人，有击剑手月兔，有热爱音乐的松冈克郎，有经历家庭巨变的浩介……他们都有自己的人生和忧愁。但其中我最喜欢的是有着音乐梦想的克郎。他热爱梦想，从不曾放弃，他可以为了梦想主动退学。不被家人理解，无人关注他的作品，然而他没有气馁，一直向前走着。他可以为了家庭和责任而迟疑，却没有被生活打倒；他也可以为了救人冲进火海，却没有顾及自己的安危。很敬佩像他这样的人，活得热烈而纯粹。后来，克郎的音乐终于被很多人听见，即使他已留在了那炽热的火焰里。人生的道路坎坎坷坷，谁也不知道下一秒会发生什么。往前冲吧，向未来挑战。

在这有百万个可能的世界留下脚印和痕迹。人生也并没有绝对的对与错，问心无愧就好。而那些珍贵的梦想，那些无法割舍的亲情，那些温暖的善意，想要好好珍惜，想要满怀善意对待他人。

解忧杂货店的店主浪矢雄治是一个怎样温暖且美好的人啊！帮助他人也是一种自己的坚持吧。浪矢爷爷、克郎、月兔、浩介……他们都有自己的人生和坚持热爱的人或事，我想：“我们更需要如此。”

解忧杂货店在很多年后重新开放，当年那些求解过的人都写来感谢信。命运像一个十字路口，把人们联系在一起，任他们擦身而过，又走向各自的远方。每一个求解的人的胸口都溢有金灿灿的星子，那是他们热忱的爱，那是生命的光辉，是每一滴慌张的泪水……“人的心声是绝对不能无视的。”作者写道。

我还不是很明白人生是怎么样的，未来又会发生些什么。但我知道每一个人的坚持、善良，他们热爱梦想的样子，来自家人的爱，都让人感动，让人热泪盈眶。来自陌生人的善意，总是让人倍感温暖，浪矢爷爷帮助了很多人，温暖了别人，也温暖了自己。三个窃贼翔太、幸平、敦也在帮助了别人之后，找到了自己的地图。对于烦恼忧愁不逃避，不忽视，勇敢地去面对它们，去创造属于自己的未来，同时感恩生活吧！

昨天、今天和明天应该是没有什么不同的。但是，就会有那么一次，在你一放手，一转身的一刹那，有的事情就完全改变。太阳落下去，而在它重新升起以前，有些人，就从此与你永诀了。所以，无论未来怎样，也要心怀善意，珍惜生活的每一秒，坚定地去走自己的路！以前总听一句话：“且视他人之疑目如盏盏鬼火，大胆地去走你的夜路。”不害怕，不后悔。

愿你我带着最微薄的行李和最丰盛的自己在世间流浪。也祝愿你我所遇皆善良，所求皆如愿，也请大胆地去走自己的夜路吧！

点评

“无论未来怎样，也要心怀善意，珍惜生活的每一秒，坚定地去走自己的路！”这是作者的感慨。我们要听得见自己的心声，《解忧杂货店》里人物各不相同，心声也相异，但是都有所坚持，有所希求。人生不过是找到自己心灵和命运的皈依吧。作者笔法散淡，行文从容。如果立意更鲜明集中会更好。

珍惜每一份美好

——读《带上她的眼睛》有感

◈学校:北京师范大学附属嘉兴南湖高级中学 ◈作者:李金仪 ◈指导老师:陈 芳

“人们不再珍视什么了,面对着一大堆唾手可得的水果,他们把拿起的每一个咬一口就扔掉。”那些美好存在的时间,只有刹那。

不可否认的是,在这个世界上,有许多美好。有的人对它们不置可否,有的人却在拼命寻找它们。

后者,就是“地心六号”的地航员——那位孤独的姑娘。一开始,“我”接到任务要带着她的“眼睛”游览地面。所谓“眼睛”就是一副传感器,能连通两个人的感觉。“我”被蒙在鼓里,以为她是一名宇航员,相比广袤的宇宙空间,地面世界是极其枯燥的。但是,她每遇到一朵花就会取一个名字;风吹来一阵青草的清香都会让她流泪;她甚至不愿错过落日中的每一束阳光。她对这个世界的情感已经丰富到了“病态”的程度。后来“我”才知道,她被永远留在了地心之中。“我”怀着敬意带她欣赏风景,同时也对这个看似平平无奇的世界有了很大的改观。她渴望光明,渴望自由,渴望每一个瞬间——我想,这就是人的伟大,能在困境中依然珍惜周遭的美好,渴望美好。

我不禁感慨,原来我们生活着的世界竟是如此美妙,原来在我印象中枯燥无味的生活还能如此绚丽多彩。我开始在意身边的每一个小物件:用了多年的钢笔,散发着清香的木梳,油墨味浓重的报纸,还有手工织成的毛衣……试想一下,假如“地心六号”中的人是我,我会有怎样的心境呢?

诺贝尔生理学或医学奖得主巴雷尼小时候双腿残疾,可他万分珍惜自己的生命,坚信终有一天可以通过复健再次站立。在与病魔的斗争中,他赢了,并且赢得很精彩。反观贵州某司机,自己生活不顺却要报复社会,使二十几人丧命。这样扭曲的生活态度，不去寻找生活中的美好，也不珍惜自己和他人的生命，简直傻得令人发指！

当我们拥有一样东西的时候，往往感觉不到它的珍贵。就以手边的纸巾为例，很多人就只是随手一抽，却从未想过制作它的原料来源和复杂工序；看着路边的野花，觉得漂亮就随手一摘，却从不曾问过它是满天星还是小雏菊。是因为这些问题与我们无关吗？不，是我们从未注意过，原来制造纸张的技术已经有了重大的革新，原来路边的野花也是由人们亲手所栽。但当我们真正失去后，才发现我们从未珍惜。

我想，在经历了漫长岁月之后，女地航员会记得她用"眼睛"感知过的美好世界，我也会记得她的那一份珍惜和渴望，会记得她教会了我为何要珍惜每一份美好。只要珍惜了每分每秒，做出每个当下最好的选择，就够了。世界上的每一寸土地都如此美妙，何不去看看？

点评

我也曾读过刘慈欣的这篇《带上她的眼睛》。本文作者借着这个故事和我们谈论了有关"珍贵"的话题，发现了人类"珍惜与渴望"的品质。按照孙绍振老师的观点，文学创作往往将人打出常态，让读者发现更精彩且复杂的人性。生命只有一次，不像游戏可以反复重来。刘慈欣的反向思维引导我们探究地面而不是太空，透过灾难反观人性之美。

知己如茶，淡淡清香

——读《瞿秋白与鲁迅》有感

◈学校：嘉兴市秀水中等专业学校 ◈作者：陈梦雅 ◈指导老师：刘 超

还记得小时候曾背过一首诗，诗中有一句令我至今记忆犹新："莫愁前路无知己，天下谁人不识君。"我想这大概就是古人眼中所谓"知己"的形象概括吧。知己如茶，淡淡清香，沁人心脾。我有知己，我也渴望拥有瞿秋白与鲁迅那样的知己情。

初读《瞿秋白与鲁迅》这本书的时候，我还是个初中生，再读此书，我已是一名职业学校高一的学生，令我印象深刻的就是鲁迅与瞿秋白的书信往来。如果说萍水相逢是一种机遇，那未曾见面，读信却能交心实属一种缘分。书信往来少不了文字，文字的力量是伟大的，每当我潜心阅读时，似乎总能感受到两位文人之间的惺惺相惜，那种崇高的友谊建立在相互的敬佩和欣赏之上。我清楚地记得书中有一段细节描写，那是瞿秋白和鲁迅的第一次见面。两人相识于夏天，瞿秋白在冯雪峰的陪同下前往北川公寓拜访鲁迅。瞿秋白虽是久闻鲁迅大名，却不曾见面。但两人一见如故，谈话非常投机，像久别重逢的老朋友。他们从日常生活讨论到当下文坛的情况，滔滔不绝，生怕时光过去得太快。

我喜欢兴趣相同的知己，因为这样交心会快；我渴望有相同志向的知己，因为这样朝着目标奋斗不会孤单。瞿秋白和鲁迅在文学上相互探讨，在生活中相互关心。鲁迅更为知己"抛头颅洒热血"，多次帮助瞿秋白渡过难关。

"雪意凄其心惘然，江南旧梦已如烟。天寒沽酒长安市，犹折梅花伴醉眠。"这是瞿秋白青年时写的一首诗，瞿秋白在鲁迅家避难时，将其书赠予鲁迅。瞿秋白在上海居住期间，正是蒋介石对中央苏区实行军事"围剿"之时，国统区内也是腥风血雨，到处弥漫着恐怖的气息，多数共产党人和革命者随时都有被迫害的危险。

在这种严峻环境下，鲁迅多次置身家性命于不顾，将自己家作为瞿秋白夫妇最信赖的庇护所。从1932年到1933年，鲁迅大大小小共四次接纳瞿秋白夫妇，让他们在自己家安然躲避危险。在我看来，鲁迅和瞿秋白更像一对亲密无间的兄弟，他们是战友，他们是革命最真挚的同志……后期瞿秋白生活困难，鲁迅还托关系帮助瞿秋白介绍翻译工作，帮助他克服生活困难。

最让我感动的是鲁迅帮助瞿秋白完成未竟的事业。瞿秋白就义后，鲁迅从激愤中奋起，全力编辑亡友的译文集，并嘱咐书店将书稿寄送到日本，印成两册精美的《海上述林》。“倘其生存，见之当亦高兴，而今竟已归土，哀哉。”在鲁迅看来，这是对瞿秋白作品最好的纪念。《海上述林》上册出版时，鲁迅尚健在，对这本书十分满意，他说：“那第一本的装订样子已送来，重磅纸；皮脊太‘古典的’一点，平装是天鹅绒面，殊漂亮也。”《海上述林》署名“诸夏怀霜社”，“诸夏”即是中国，“霜”为瞿秋白的原名，“诸夏怀霜”寓意为中国人民永远怀念瞿秋白。

鲁迅对瞿秋白的评价，我想可以用《海上述林》中的一句话概括：“作者系大作家，译者又是名手，信而且达，并世无两……足以益人，足以传世。”这句话肯定了瞿秋白的翻译水平，又述说了二人在事业和生活中亲密无间的关系。

古人云：“管鲍之和，穷达不移；范张之谊，生死不弃。”又云：“人生当显贵，每谈布衣交。谁肯居台阁，犹能念草茅。”每个成功的人身后，都有一位知己。他无时无刻不想着你，给你一切温暖与关爱。他在浮萍中与你相遇，一见如故……正如鲁迅与瞿秋白这对知己，令我深深地敬慕。

点 评

作者借管鲍之交来评价鲁迅和瞿秋白的关系，讴歌古往今来知己患难与共、肝胆相照的情谊。本文如能点出二知己的交情如何“如茶”，可能更切题，立意也会更深一层。

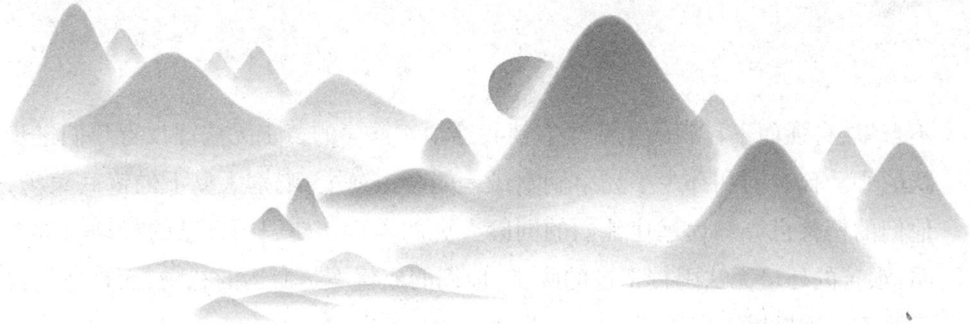

致不平凡

◈学校:嘉兴市秀州中学 ◈作者:杨砚雯 ◈指导老师:胡育强

在这个平凡的世界上,来往着许多平平凡凡的人。他们有的被繁杂枯燥的工作折磨,脸上布满皱纹,苍白无力,一如我的爷爷奶奶;也有被沉重学业束缚,压得身体微驼,就如现在平凡的我。

但是,任何一个平凡的面孔之下,都有属于他的不平凡的故事。因为人们不甘于平凡,不愿意只守着各自脚下的方寸土地,不愿只着眼于眼前的平淡岁月而碌碌无为。人的一生之于这个世界而言,若风过柳絮,飘落而逝,可即便如此,我们依旧要努力,让自己成为一个独一无二、不可或缺的存在,成为不平凡的自己。

我的这些感悟在路遥的《平凡的世界》中得到了很好的印证。路遥用真实朴素的文笔向读者展示了二十世纪七八十年代发生在黄土高原上一座平凡村庄里的故事。在书中,我们看到了一群背朝青天、脚踩黄土,日复一日耕作劳动的农民——这真是一群平凡得不能再平凡的人了。但在这个村庄中,路遥成功塑造了两个不甘平凡的农民的儿子——孙少安与孙少平。他们的身世是当时普通农民的真实写照,由于没钱念书,孙少安便早早放弃了读书的机会,担起了家庭生活的重担,努力挣钱供弟妹读书;弟弟孙少平与哥哥孙少安一样,有着艰难生活的经历,但他与哥哥有一点不同,就是他有上高中的机会。或许就是因为这个,哥哥与弟弟有了不同的人生目标,也走上了不同的人生轨迹:哥哥孙少安选择扎根黄土,带领村子奔小康;弟弟孙少平则选择到外面的世界闯荡,最后在煤矿上实现了自己的价值。

这便是他们的人生,尽管他们的故事对于这个世界来说,只是再普通不过的两条细线,可是他们的努力却使自己的价值得到实现,造就了不平凡的自己。

路遥的这部《平凡的世界》不但让我感受到生命的坚韧与强大,兄弟俩卑微却不自卑、自强而不自满的生活斗志使我感动。浑厚的黄土无法埋没青年们进步飞跃的心。孙少安和孙少平兄弟俩吃最差的杂粮馍馍，喝别人剩下的锅底菜汤，但他们的精神世界却远远比他们的同龄人更加丰富。他们用自己的行动向世人证明，艰苦的环境无法阻挡奋进的脚步，他们的成就不是命运的礼物，而是他们自己不屈于命运拼搏而来的。

时过境迁，优质的生存条件与娱乐活动已随处可见，人们总是想将自己的名字镂刻在金石上，却往往急功近利，虚荣浮躁，忘记了这种精神不应该被追逐梦想的人所遗忘。历史的车轮不断向前，人类的文明生生不息，正是因为这种精神在任何一个时间和地点都熠熠闪光。成功与荣耀不会将这种精神阻挡在门外。

路遥的这部佳作将一个时代最真实的生活和一个世界千百年来永不泯灭的精神都熔炼了进去。这部书，出自平凡之人，献给这个世界上所有平凡的人们，致最终不平凡的自己。少安、少平兄弟俩的奋斗精神应当永远存在。

点评

路遥的《平凡的世界》可谓脍炙人口。少安、少平的奋斗故事让人唏嘘不已。小作者借助二人的故事感慨人生，略显笼统。如果选择具体的几个事例或者观察点切入，可以更好地深入理解人物或者作者的写作意图。欣赏贵在得出自己独特的体悟。

纵岁月匆匆，愿生命从容

——读《活着》有感

◆学校：平湖市职业中等专业学校　◆作者：吕可渐　◆指导老师：徐晨成

“人生天地之间，如白驹过隙，忽然而已。”每每读到这句话，我内心总会泛起层层涟漪。在浩瀚的宇宙面前，人的一生非常短暂，但是人在一生中往往会经历一些挫折甚至是苦难，同时也有快乐和收获。最近我读了余华的《活着》，我明白经历苦难是一个人终生的修行，纵使岁月匆匆，唯愿生命从容。

福贵是这本书里的主要人物，他出身于一个富贵家庭，但是这却是悲剧的前兆。年轻时，福贵很糊涂，吃喝嫖赌几乎都干过，把家里的资产挥霍殆尽。原先生活富足的父亲得知这一消息后被活活气死。自此，福贵的家庭光景一落千丈。不久，他被国民党抓去打仗，又被共产党俘虏，差点儿丧命。两年后，他为了自己的家人，选择了回家。原本他以为苦难已尽，黎明即将到来，没想到这只是苦难的开始，不幸如狂风暴雨般袭来。母亲早早病逝。女儿凤霞因一场高烧而丧失了语言能力。妻子家珍患上了软骨病且越来越重，行动困难。儿子有庆因献血过多而死亡。几年后，女儿凤霞婚后生了苦根，却因此丧了命，女婿二喜因工作中的意外事故离开了人世。妻子家珍最终因软骨病结束了痛苦的一生。外孙苦根七岁时吃太多豆子，撑死了。最后只剩福贵一个人过他的余生。但是他却为自己至少还在这个世界上而感到庆幸。

是的，人的一生并不是一帆风顺的，万事万物的变化并不能全都随你的心意，人生不如意之事十有八九，不论你是富贵还是贫穷，是明星还是普通人，你都需要以豁达的心态去面对你的人生。相对于福贵一生的苦难和失去而言，其实我们生活中所遇到的困难只不过是茫茫尘土中的一粒细沙而已。每个人活着都是幸运的。福贵失去了所有的亲人，最后晚年孤独，他想：“就算是一个人，我也得好好地活下去。"即使他的苦难多于常人他也不抱怨生活。因为他知道,抱怨无法改变现状。作为平常人,我们的苦难远小于他,所以何必怨天尤人呢?有些人的内心太脆弱了。一个人的能力固然重要,但是,强大的内心更重要。有人会问:"什么样的生活最美好?"其实活着就是最美好的。如果经历苦难在所难免,那么我们就把它当成终生的修行吧!

如今我是个阳光男孩,但阴霾也曾笼罩过我。初中三年,我的学习成绩一直不是很好,想着自己在班里常常倒数,心里时时忐忑不安,惶恐不已。回想起遭遇过的嘲讽,如今心依然隐隐作痛。令我印象最深的是初一时音乐老师教五线谱,因为我以前从没接触过,对上面的音符感到十分陌生,当老师提到考试时,我吓坏了,手脚都无处安放。答题时我完全凭感觉,不会的就只能蒙。成绩出来后,因试卷较难,很多同学都只考了三四十分,而我的试卷上竟然是刺眼的"0"。老师指着我说:"不至于笨成这样吧!"同时还说了其他伤人心的话。我无法跟父母交代,只是说了老师批评的经过,把刺眼的"0"隐瞒了下来。即便这样,妈妈听到后也非常难过,但是她却安慰我说:"过去的事情就随风吧!安心睡觉,安心上学,一切都会好的。"虽然我安心了一点,但罩在我头上的阴霾,压在我心中的石头依然让我寝食难安。好在我并未被击垮,我心中的音乐梦想依然慢慢生长。这件事虽然已过去快四年了,但它却成为我成长过程中的"垫脚石",强大了我的内心。四年的光阴既漫长又短暂,如今,当我在钢琴上弹奏克莱门蒂如梦如幻的《小奏鸣曲》时,当我自信地唱着风格多变的歌曲时,当我站在灯光绚烂的舞台上演绎葫芦丝名曲《蓝色的香巴拉》时,内心充盈而幸福。

谁的人生能够一帆风顺?谁的生命不曾经历苦痛?谁又能让时间定格,幸福永驻?我们无法决定生命的长度,但可以用爱,用追逐梦想的脚步,用坚强勇敢的心,用坚持不懈的努力去拓展生命的宽度。所以如果一个人的心态好了,能用一颗从容而有温度的心去努力,去改变,去奋斗,那么,除了死亡,再大的苦难也会随着时间的推移而消散。文将结束,我想,也许作者余华想告诉我们的是:只要活着,都还来得及。而此刻我心里默念的是:纵岁月匆匆,愿生命从容。

点 评

经典的价值就在于阅读时会引出不同的人不同的想法,大家都会从自己的经历去感受。作者从余华的《活着》中看到了“热爱生命，走出阴霾”，结合自己的经历谈了自己的感受，让我们看到了少年心灵的成长，虽浅显，也真切。对《活着》故事复述偏多，还可以简略。

书海采珍

读书并不在多，最重要的是选得精，读得彻底，与其读十部无关轻重的书，不如以读十部书的时间和精力去读一部真正值得读的书，与其十部书都只能泛览一遍，不如取一部书精读十遍。

——朱光潜

做自己的超级英雄

——读《外婆的道歉信》有感

◆学校:北京师范大学附属嘉兴南湖高级中学 ◆作者:刘巧茹 ◆指导老师:杨 寰

“要大笑,要做梦,要与众不同,人生是场伟大的冒险。”好一个与众不同的外婆,这是《外婆的道歉信》这部小说给我留下的深刻印象。性格倔强的小爱莎嫉恶如仇,常常遭受同学的排挤。她的外婆是一个牙尖嘴利的“可爱”老顽童,更是一个时常惹祸上身、常态性“功能失调”的超级英雄。她们都有着与自己年龄反差极大的特质。

每个人的人生都是不可替代的。人生的真谛在于不断地感受、思考、质疑、融合,在挫折中成长,在砥砺中成熟。耳提面命式的教导,往往能促使人养成良好的习惯;而一个成功者,则常常是在不断的尝试、闯荡、折腾中勇敢面对失败,并最终走向成功的。小说中,外婆去世前,留给爱莎一个任务——为房客们送去“外婆的道歉信”。外婆煞费苦心地把教育外孙女的任务交给这些“有故事”的邻居,世间百态、沧桑阅历,是对外孙女最有力的教育,能帮助小爱莎悟出终身受用的人生真谛。

阅读这本书,让人真切地感悟到:如果有一天,当一个人在生命中遭受到伤害,最简单的治疗伤痛的办法就是俯下身,看看那些背负着更多伤痛,却仍然勇敢无惧地前行的人,从他们的身上,汲取无穷无尽的力量。

外婆善良而富有爱心,更富有远见。她担心自己不在以后,这些饱经风霜的房客会被遣散而居无定所,因此,外婆将房产的权利通过律师交给了爱莎,让爱莎多了解这些不幸邻居的故事,做出她自己的决定与安排。外婆非常肯定,爱莎不会做出任何可能伤害房子里住户的事情,正因为如此,外婆要律师确保爱莎看见遗嘱时,已经了解所有邻居。她的苦心,是如此的细腻而周密。

每个人除了平视和仰视，更应该经常俯视：俯视疾苦和病痛，俯视每个角落和每条夹缝。每个人眼中看到的，除了繁花盛景，还应该有那些纤弱细小的生命和它们所绽放出的真切与纯美的生命。不久前，彭婕婷、陈家利两名成都中医药大学学生在湖南常德火车站全力跪地救人的事迹广为流传，虽然她们最终没有能挽回患者的生命，但平凡普通的小人物运用自己所学习的知识，勇敢地去做自己能做的事情，竭尽全力地帮助他人，不正彰显了爱心和奉献的无穷力量吗？她们无疑值得人们学习和肯定，只要每一个人不冷漠无视，不逃避推诿，都尽己所能，尽己之力，这个世界将洒满阳光。

书中人生哲理比比皆是，干货满满，童心童情，跃然纸上。譬如爱莎问外婆："如果有一天世界被摧毁该怎么办？"外婆握着她的手，语重心长地交代她"做每个人都会做的事，做每一件我们能做的事"。而更多地方，作者则借用了外婆"话糙理不糙"的表达方式道出，比如"别踢屎，那只会弄得到处都是"，我觉得这些话是外婆给爱莎最好的人生礼物——一碗碗极具麻辣味的鸡汤，虽然喝的时候辛辣呛人，可终归是一碗可以使人元气满满的滋补美味。

罗曼·罗兰认为：世界上只有一种英雄主义，那就是在认清生活的全部真相后，依然热爱生活。最终，爱莎坦然接受了自己的与众不同，包容了自己同母异父的弟弟，对外婆没有给予妈妈应有的母爱，不能陪在自己身边的事实也充分释怀。爱莎真正长大了，她体会到包容和谅解的深刻含义，充满阳光地面对未来，我们相信，她一定会在今后的人生路上阔步前行。

爱与包容，自信与坚持，使爱莎成为自己的超级英雄。

点评

《外婆的道歉信》塑造了一个与众不同的外婆形象。作者看到了外婆那"一碗碗极具麻辣味的鸡汤"，她用独特的方式培养了充满爱、包容、自信、坚持的爱莎。作者肯定了外婆的爱心、远见和与众不同的教育方式，也帮助读者懂得如何成为自己的超级英雄。不过中间大学生跪地救人的事例显得有点突兀。

图书在版编目(CIP)数据

书海扬帆的旅程 / “阅读伴我成长”系列丛书编委会编．—杭州：浙江文艺出版社，2021.4

ISBN 978-7-5339-6463-4

Ⅰ.①书… Ⅱ.①阅… Ⅲ.①作文—中学—选集 Ⅳ.①H194.5

中国版本图书馆CIP数据核字(2021)第054429号

责任编辑 丁 辉
责任校对 陈 玲
责任印制 张丽敏
封面设计 吴 瑕

书海扬帆的旅程

（2020年中学卷）

“阅读伴我成长”系列丛书编委会 编

出版发行 浙江文艺出版社
地　　址 杭州市体育场路347号
邮　　编 310006
电　　话 0571-85176953（总编办）
0571-85152727（市场部）
制　　版 杭州天一图文制作有限公司
印　　刷 杭州印校印务有限公司
开　　本 710毫米×1000毫米 1/16
字　　数 196千字
印　　张 11.25
插　　页 2
版　　次 2021年4月第1版
印　　次 2021年4月第1次印刷
书　　号 ISBN 978-7-5339-6463-4
定　　价 36.00元